국어가 더 쉬워지는

초등 국어 문법 한 권으로 끝내기

국어가
더 쉬워지는

초등 국어 문법
한 권으로 끝내기

지은이 윤희솔·윤희라
그린이 강준구
펴낸이 정규도
펴낸곳 ㈜다락원

초판 1쇄 발행 2023년 5월 19일
   2쇄 발행 2023년 12월 28일

편집총괄 최운선
책임편집 조선영
디자인 싱아

다락원 경기도 파주시 문발로 211
내용문의 (02) 736-2031 내선 276
구입문의 (02) 736-2031 내선 250~252
Fax (02) 732-2037

출판등록 1977년 9월 16일 제406-2008-000007호

ISBN 978-89-277-4790-1 (63710)

http://www.darakwon.co.kr
다락원 홈페이지를 통해 인터넷 주문을 하시면 자세한 정보와 함께 다양한 혜택
을 받으실 수 있습니다.

국어가 더 쉬워지는

초등 국어 문법 한 권으로 끝내기

윤희솔
윤희라 지음

다락원

왜 국어 문법을 공부해야 할까요?

"국어에도 문법이 있어요?"

국어 문법을 배운다는 말에 깜짝 놀란 학생의 모습이 아직도 눈에 선합니다. 영어에 문법이 있듯, 국어에도 문법이 있어요. 국어가 우리에게 너무 익숙해서 문법을 생각하지 않고 사용하는 것뿐이지요. 그렇다면 국어 문법을 왜 배워야 할까요?

첫째, 우리말을 정확하게 이해하고 표현할 수 있어요.

① 밟고	**② 밝고**

왼쪽의 두 단어를 소리 내어 읽어 보세요.

혹시 둘 다 [발꼬]라고 읽지는 않았나요? ①은 [밥:꼬], ②는 [발꼬]라고 읽어야 해요. 우리말은 바르게 발음해야 의사소통에 지장이 없거든요. 이때 '음절의 끝소리 규칙' 같은 문법을 알면 더 정확히 발음하여 의사소통을 원활하게 할 수 있답니다. 그 외에도 문법에는 알맞은 단어를 고르는 방법, 올바른 구조의 문장을 쓰는 방법 등이 담겨 있어요. 그래서 문법을 공부하면 우리말과 글을 정확하게 이해하고 표현할 수 있지요.

둘째, 생각과 의견을 효과적으로 전달할 수 있어요.

문법을 국어사전에서 찾아보면, '말의 소리, 단어, 문장 등을 쓰는 일정한 규칙'이라고 나와 있어요. 문법은 건물을 지을 때의 설계도와 같아요. 물론 장난감 집을 만들 때는 설계도가 필요하지 않을 수도 있어요. 하지만 많은 사람이 사용할 건물을 세우려면 정확한 설계도가 필요하답니다. 그 건물이 튼튼하고, 웅장하고, 아름답다면 더 많은 사람의 사랑을 받을 거고요. 말과 글도 마찬가지예요. 여러분의 생각을 더 많은 사람에게 효과적으로 전달하려면 정교하고 세련된 말과 글이 필요해요. 이때 필요한 것이 바로 문법이에요.

셋째, 외국어를 배우는 데 도움이 됩니다.

국어의 구조와 문법을 이해하면, 외국어의 구조와 문법을 좀 더 쉽게 배울 수 있어요. 언어마다 조금씩 다르긴 하지만, 문법에서 나오는 용어나 규칙에는 공통점이 있거든요. 국어를 정확하고 효과적으로 사용하는 사람이 결국 외국어도 잘할 수 있답니다.

자, 이제 국어 문법 공부가 꼭 필요한 이유를 알게 되었지요? 처음엔 낯선 용어가 많이 나와서 힘들겠지만, 포기하지 않고 조금씩 공부하다 보면 문법 실력이 쑥쑥 자라날 거예요.

낯선 국어 문법 공부, 함께 시작해요!

국어 문법은 수능 때만 공부하면 될까요? 사실 국어 문법은 초등학교 국어 시간부터 배우는 개념이에요. 하지만 따로 정리하거나 복습하지 않는 탓에 중학생이 되어서 심화된 국어 문법을 마주하고 당황하는 친구들이 많아요.

중학교에 적응하느라 정신없는데 국어 문법까지 공부해야 한다니, 너무 힘들 거예요. 하지만 이때 국어 문법을 공부하지 않으면 고등학생이 된 후에도 어려움을 겪을 수 있어요. 국어 문법이야말로 용어 자체가 어려워서 개념을 확실하게 잡고 차근차근 익혀야 하거든요.

그래서 초등 고학년~예비중 친구들이 미리 국어 문법의 기초를 다질 수 있도록 『초등 국어 문법 한 권으로 끝내기』를 펴냈답니다. 여러분이 국어 문법을 어려워하는 이유를 잘 아는 초등학교 선생님과 한국어를 전공한 중학교 선생님이 함께 고민하고 연구했죠. 언어 교육에 전문적인 식견을 가진 〈다락원〉의 편집자도 힘을 모았고요. 국어 문법을 처음 접하는 학생이나 국어 문법을 어려워하는 학생들이 좀 더 쉽게 공부하도록 돕고 싶은 마음을 이 책에 듬뿍 담았어요.

여러분도 느꼈겠지만, 문법의 세세한 내용을 한꺼번에 외우기는 정말 어려워요. 무작정 외우려 하지 말고 개념을 이해하는 데 집중해 보세요. 평소에 우리가 듣고, 읽고, 말하고, 쓰는 표현에 어떤 문법이 숨어 있는지 생각하면 개념을 좀 더 쉽게 이해할 수 있어요. 그래서 『초등 국어 문법 한 권으로 끝내기』의 설명과 문제에도 우리가 일상에서 자주 쓰는 표현을 사용하려고 노력했답니다.

욕심내지 말고 하루에 딱 한 장씩 한 개념만 꾸준히 공부해 보세요. 설명을 꼼꼼하게 읽고, "이해했나요?" 문제를 푸는 거예요. 잘 모르는 문제가 나오면 바로 옆에 있는 설명을 다시 읽으면서 놓친 부분은 없는지 점검하면 돼요. 단원이 끝날 때마다 나오는 단원 평가 문제로 복습도 할 수 있답니다.

낯설고 어려운 국어 문법. 하지만 이 책을 통해 매일 조금씩 공부하다 보면 어려운 문법 문제도 술술 풀리는 날이 올 거예요.
여러분에게도 그런 마법 같은 날이 찾아오기를 응원할게요!

저자 윤희솔, 윤희라

①

문법
미리 보기

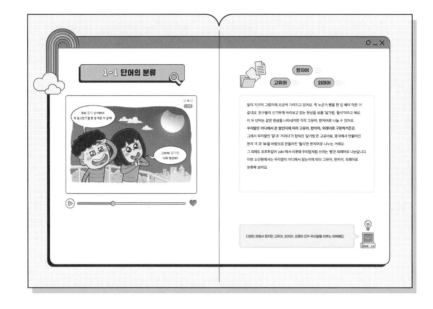

✔️ 일상 속 그림과 키워드를 통해 이번 소단원에서는
  무엇을 배울지 미리 살펴보아요.

②

문법 개념
이해하기

✔️ 개념 한 줄 정리와 일상 속 그림으로 문법과 친해져요.

✔️ 선생님이 쉽게 설명한 글을 읽으면서 문법 개념을 이해해요.

✔️ 선생님의 TIP도 꼭 읽어요.

③

문제로
확인하기

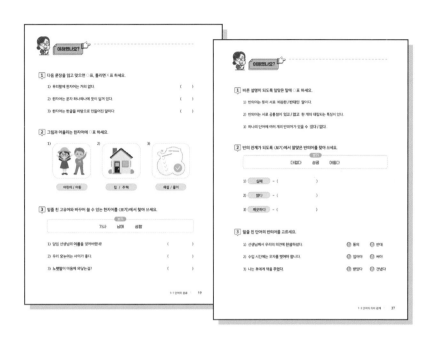

✓ 간단한 문제를 통해 문법 개념을 제대로 이해했는지 확인해요.

✓ 헷갈린다면 앞의 설명을 다시 천천히 읽어요.

④

단원 평가로
마무리하기

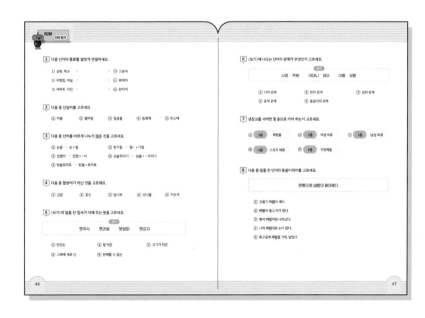

✓ 단원별로 다양한 문제를 풀어요.

✓ 한 번 더 문법 개념을 복습하고 정리해요.

3단원
음운

1단원

단어

고유어 단일어
한자어

1-1 단어의 분류

달이 지구의 그림자에 조금씩 가려지고 있어요. 꼭 누군가 빵을 한 입 베어 먹은 거
같네요. 친구들이 신기하게 바라보고 있는 현상을 보통 '달가림, 월식'이라고 해요.
이 두 단어는 같은 현상을 나타내지만 각각 고유어, 한자어로 나눌 수 있어요.
우리말은 어디에서 온 말인지에 따라 고유어, 한자어, 외래어로 구분하거든요.
그래서 우리말인 '달'과 '가리다'가 합쳐진 '달가림'은 고유어로, 중국에서 만들어진
한자 '月'과 '蝕'을 바탕으로 만들어진 '월식'은 한자어로 나누는 거예요.
그 외에도 포르투갈어 'pão'에서 비롯돼 우리말처럼 쓰이는 '빵'은 외래어로 나눈답니다.
이번 소단원에서는 우리말이 어디에서 왔는지에 따라 고유어, 한자어, 외래어로
분류해 보아요.

다양한 곳에서 왔지만 고유어, 한자어, 외래어 모두 우리말을 이루는 어휘예요.

① 고유어

고유어란? : 예로부터 사용해 온 순우리말이나 그것을 바탕으로 만들어진 말

옥수수랑 물 주세요~

저는 삶은 달걀 5개만 주세요!

친구들이 찜질방에 놀러 가서 매점에 들렀네요. 친구들이 주문한 옥수수와 물, 달걀에는 공통점이 있는데 무엇일까요? 이 세 단어의 공통점은 바로 고유어라는 거예요.

예로부터 사용해 온 순우리말이나 그것을 바탕으로 만들어진 말을 고유어라고 해요. 고유어에는 우리의 문화와 정서가 담겨 있어서 우리의 마음을 잘 표현할 수 있어요.

그리고 '달걀, 어린이, 나라, 엄마, 아빠, 하늘, 땅, 예쁘다, 믿다' 등 우리가 자주 사용하는 고유어도 많지만, 산을 뜻하는 '뫼'나 감기를 뜻하는 '고뿔'처럼 우리가 자주 사용하지 않아서 사라져 가는 고유어도 있답니다.

고유어는 순우리말, 토박이말이라고도 불러요.

이해했나요?

1 다음 문장을 읽고 맞으면 ○표, 틀리면 ✕표 하세요.

1) 고유어는 예로부터 사용해 온 순우리말이나 그것을 바탕으로 만들어진 말이다. ( )

2) 고유어는 자주 사용하지 않아도 사라질 수 없다. ( )

3) 고유어를 순우리말 또는 토박이말이라 부르기도 한다. ( )

2 그림과 어울리는 고유어에 ○표 하세요.

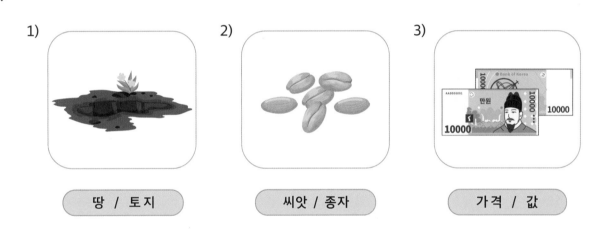

1)
땅 / 토지

2)
씨앗 / 종자

3)
가격 / 값

3 뜻이 같은 단어를 찾아 서로 연결하세요.

1) 뫼 •

2) 고뿔 •

3) 어버이 •

• ㄱ 부모

• ㄴ 감기

• ㄷ 산

② 한자어

한자어란? ⠿ 한자를 바탕으로 만들어진 말

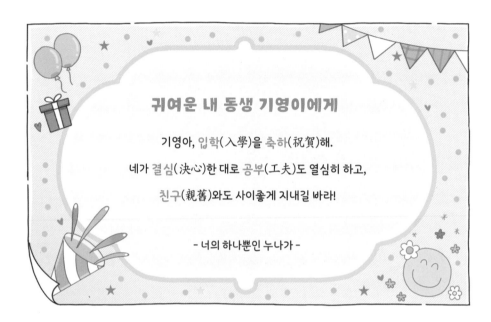

귀여운 내 동생 기영이에게

기영아, 입학(入學)을 축하(祝賀)해.

네가 결심(決心)한 대로 공부(工夫)도 열심히 하고,

친구(親舊)와도 사이좋게 지내길 바라!

- 너의 하나뿐인 누나가 -

누나가 동생에게 축하 편지를 썼어요. 그런데 편지에 한자가 보이네요?

편지 속 '입학(入學), 축하(祝賀), 결심(決心), 공부(工夫), 친구(親舊)'처럼 **한자를 바탕으로 만들어진 말을** 한자어라고 해요. 입학(入: 들어가다 / 學: 배우다)이 공부하기 위해 학교에 들어가는 걸 의미하듯이 한자어는 글자 하나하나마다 의미를 담을 수 있어서 더 분명하고 세세하게 뜻을 표현할 수 있어요.

사실 우리말에서 한자어의 비중은 꽤 큽니다. 여러분도 알다시피 우리나라의 글자는 한글이에요. 하지만 세종대왕께서 한글을 창제하시기 전에는 한자를 빌려 와서 썼지요. 우리나라는 오래전부터 한자를 사용했고, 그러다 보니 한자어가 우리말 어휘의 많은 부분을 차지하게 된 거예요.

아하!

한자어는 간단한 표현에 많은 정보를 나타낼 수 있어요.

예 삼각형(三角形): 세 개의 각이 있는 모양.

이해했나요?

1 다음 문장을 읽고 맞으면 ○표, 틀리면 ✕표 하세요.

1) 우리말에 한자어는 거의 없다. ( )

2) 한자어는 문자 하나하나에 뜻이 담겨 있다. ( )

3) 한자어는 한글을 바탕으로 만들어진 말이다. ( )

2 그림과 어울리는 한자어에 ○표 하세요.

1)
어린이 / 아동

2)
집 / 주택

3)
해설 / 풀이

3 밑줄 친 고유어와 바꾸어 쓸 수 있는 한자어를 〈보기〉에서 찾아 쓰세요.

보기

가사   남매   성함

1) 담임 선생님의 **이름**을 잊어버렸네! ( )

2) 우리 **오누이**는 사이가 좋다. ( )

3) **노랫말**이 마음에 와닿는걸? ( )

③ 외래어

외래어란? ː 다른 나라 말을 빌려 와서 우리말처럼 쓰는 말

우리 배고픈데 배달 앱(app)으로 음식 좀 시켜 먹을까? 파스타(pasta)? 아니면 케이크(cake)?

피자(pizza)는 어때? 나한테 할인 쿠폰(coupon)이 있거든!

우와, 친구들이 맛있는 음식을 시켜 먹으려나 봐요. 그런데 친구들이 말한 '휴대폰 앱(app), 파스타(pasta), 케이크(cake), 피자(pizza), 쿠폰(coupon)'은 원래부터 우리나라에 있었던 말일까요? 너무 자연스러워서 우리가 만들어 오랫동안 써 온 단어 같지만, 사실은 다른 나라에서 들어온 말이에요. 이처럼 **다른 나라 말을 빌려 와서 우리말처럼 쓰는 말을 외래어**라고 해요. 외래어는 다른 나라의 물건이나 문화가 들어오면서 같이 들어온 말이기 때문에 고유어나 한자어로 나타내기 어려워요. 그래서 다른 나라에서 쓰이는 말이 그대로 우리말의 일부가 된 거지요.

아하!

외래어와 달리 외국어는 고유어나 한자어로 바꿀 수 있어요.
예 오케이(okay) → 좋아 / 스터디(study) → 공부

1 다음 문장을 읽고 맞으면 ○표, 틀리면 ✕표 하세요.

1) 외래어는 다른 나라 말을 빌려 와서 우리말처럼 쓰는 말이다.　　　　　(　　)

2) 외래어는 다른 나라의 물건이나 문화가 들어오면서 같이 들어온 말이다.　　(　　)

3) 외래어는 고유어나 한자어로 쉽게 바꾸어 쓸 수 있다.　　　　　　　(　　)

2 다음 국어사전을 보고 각 단어가 고유어인지, 한자어인지, 외래어인지 쓰세요.

1) **가격³**(價格)　　　　　　　　(　　　　)

　　「명사」 물건이 지니고 있는 가치를 돈으로 나타낸 것.

2) **스웨터** (sweater)　　　　　　　(　　　　)

　　「명사」 털실로 두툼하게 짠 상의.

3) **하늘¹**　　　　　　　　　　(　　　　)

　　「명사」 지평선이나 수평선 위로 보이는 무한대의 넓은 공간.

3 다음 대화를 읽고, 밑줄 친 단어 중 외래어가 <u>아닌</u> 것을 고르세요.

> 민서: 주희야, 여기 ❶ **카페** 엄청 좋다!
>
> 주희: 그렇지? 이 ❷ **재즈** 음악도 너무 좋은 거 같아.
>
> 민서: 우리 얼른 ❸ **레모네이드**도 마시고, ❹ **케이크**도 먹어 보자!
>
> (잠시 후)
>
> 주희: 앗! ❺ <u>**스커트**</u>에 레모네이드를 쏟아 버렸어.
>
> 민서: 잠시만. 내가 얼른 휴지를 가져올게!

1-2 단어의 짜임

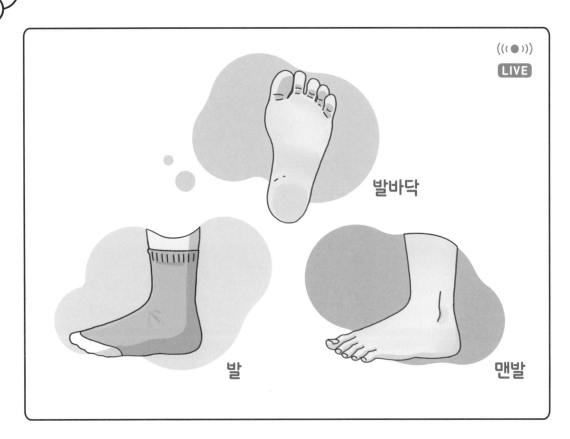

발바닥

발

맨발

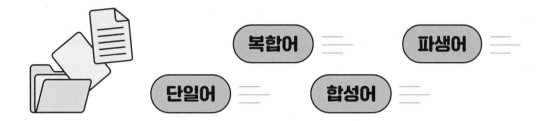

다 같은 발 그림이지만 '발, 발바닥, 맨발' 세 단어에는 다른 점이 있어요.

각각의 단어가 나타내는 뜻이 조금씩 다르다고요? 그것도 맞아요.

하지만 이번에는 단어를 형성하는 방법에 초점을 맞춰 볼게요.

단어는 나눌 수 있는지 없는지에 따라 크게 단일어와 복합어로 분류해요.

'발'은 나누면 뜻이 사라져서 더 이상 나눌 수 없는 단일어, '발바닥, 맨발'은 나누어도

뜻이 사라지지 않는 복합어예요.

그런데 **복합어는 또 어떤 말이 합쳐졌는지에 따라 합성어와 파생어로 분류해요.**

혼자 쓸 수 있는 말로만 묶인 '발바닥'은 합성어, 혼자 쓸 수 있는 말과 그렇지 않은 말

이 묶인 '맨발'은 파생어이죠.

이번 소단원에서는 단일어와 복합어, 그리고 합성어와 파생어를 통해 단어의 짜임을

공부해 보아요.

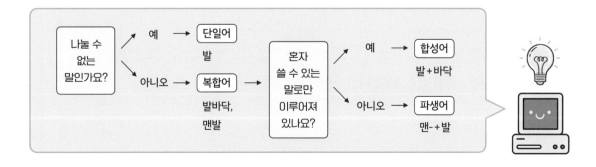

단일어란? ː 하나의 어근으로 이루어진 단어

단어는 더 나눌 수 있느냐, 없느냐에 따라 단일어와 복합어로 분류해요. 이번에는 그림 속 단어들처럼 더 나누어지지 않는 단일어를 살펴볼게요.

우선 단어의 짜임을 알려면 형태소와 어근, 접사를 알아야 해요. 형태소란 뜻을 가진 가장 작은 말의 단위를 말해요. 여기서 실질적인 의미를 나타내는 형태소는 어근, 어근에 붙어 뜻을 더하거나 제한하는 형태소는 접사라고 해요.

헷갈리는 친구들을 위해 질문을 하나 할게요. 과연 '어머니'는 뜻을 가진 단위로 더 나눌 수 있을까요? '어머니'는 나누면 뜻을 잃어버리기 때문에 더 나눌 수 없어요. 즉 '어머니'는 '어머니'라는 하나의 형태소로 이루어진 단어인 것이죠. 형태소 중에서도 실질적인 의미를 나타내는 어근으로 이루어진 단어예요.

이처럼 나누면 원래의 뜻을 잃어버려 더 나눌 수 없고, 실질적인 뜻을 지닌 **하나의 어근으로 이루어진 단어를** 단일어라고 불러요. 그래서 '아기, 부채, 나비, 꽃'도 다 단일어랍니다.

단일어는 하나의 형태소이자 어근인 단어예요.

1 〈보기〉의 말을 사용하여 문장을 완성하세요.

> 보기
>
> 어근　　단일어　　형태소

1) (　　　　　)은/는 뜻을 가진 가장 작은 말의 단위이다.

2) (　　　　　)은/는 실질적 의미를 갖는 형태소이다.

3) (　　　　　)은/는 하나의 어근으로 이루어진 단어이다.

2 다음 문장을 읽고 맞으면 ○표, 틀리면 ✕표 하세요.

1) '고기'는 단일어이다.　　　　　　　　　　　　　　　　　　　　　(　　　)

2) '호박'은 하나의 어근으로 이루어져 있다.　　　　　　　　　　　　(　　　)

3) '사과나무'는 두 단어로 나눌 수 없다.　　　　　　　　　　　　　(　　　)

3 다음 대화를 읽고, 밑줄 친 단어 중 단일어를 모두 고르세요. (정답 3개)

> 아빠: 희원아, ❶ **밥** 먹자!
>
> 희원: 오늘 메뉴는 뭐예요?
>
> 아빠: ❷ **된장찌개**랑 ❸ **소고기**, ❹ **김치**, ❺ **만두**란다.
>
> 희원: 우와, 제가 좋아하는 반찬만 있네요!

② 복합어

복합어란? : 둘 이상의 어근으로 이루어진 단어
또는 어근과 접사로 이루어진 단어

> 잔치국수를 시켰는데,
> 보리밥도 같이 나오네?

> 오, 풋고추도 싱싱해서
> 너무 맛있어 보여!

> 콩국수:~~쀄
> 막국수:
> 잔치국수:

잔치국수를 시키면 보리밥도 주다니 엄청 배부르겠어요! 그런데 '잔치국수'와 '보리밥'은 '잔치'와 '국수', '보리'와 '밥'처럼 나누어 읽어도 각각의 뜻을 가지고 있어요. 그 이유는 지난 시간에 배운 단일어와 달리 복합어는 단어를 더 작게 나눌 수 있기 때문이에요.

단어를 나눈다니, 아직 이해되지 않는 친구들이 있죠? 더 자세히 설명해 줄게요.

먼저 '잔치국수'는 '잔치＋국수'로 나눌 수 있어요. 단어를 나누어도 '잔치', '국수'라는 뜻이 사라지지 않아요. '보리밥' 역시 '보리＋밥'으로 나눌 수 있고, 쪼개어도 뜻이 사라지지 않는답니다.

그리고 '풋고추'도 '풋-＋고추'로 나눌 수 있어요. '풋-'이 왜 나누어지는지 궁금한 친구들이 있을 거예요. '풋-'도 '처음 나온' 또는 '덜 익은'이라는 뜻을 가진 접사여서 나눌 수 있어요.

이렇게 '잔치국수, 보리밥, 풋고추'처럼 둘 이상의 어근 또는 어근과 접사로 이루어진 단어를 복합어라고 해요.

> 아하!

복합어는 두 개 이상의 형태소로 이루어져 있어요.
만약 형태소와 어근, 접사가 기억나지 않는다면 24쪽을 다시 읽어 보세요.

1 다음 문장을 읽고 맞으면 ○표, 틀리면 ✕표 하세요.

1) 복합어는 하나의 어근으로 이루어진 단어이다. ( )

2) '잔치국수'는 '잔치＋국수'이므로 복합어이다. ( )

3) '풋고추'는 '풋－＋고추'이므로 복합어이다. ( )

2 〈보기〉처럼 복합어를 나누어 쓰세요.

보기

김치찌개 : 김치 ＋ 찌개

1) 쌀밥 : ( ) ＋ ( )

2) 장난꾸러기 : ( ) ＋ ( )

3) 닭꼬치 : ( ) ＋ ( )

3 〈보기〉의 단어를 단일어와 복합어로 구분하여 쓰세요.

보기

김밥　　　바다　　　바람　　　손수건

단일어	복합어

③ 합성어

합성어란? : 둘 이상의 어근으로 이루어진 단어

한 친구가 방에서 장난감을 가지고 놀고 있어요. 주변에는 색종이와 눈사람 인형도 보이네요. 이 그림을 잘 살펴보면 다양한 복합어를 발견할 수 있는데, 다들 찾았나요? 그림 속 '방바닥, 발바닥, 장난감, 색종이, 눈사람'은 다 복합어예요. 그중에서도 합성어죠.

복합어는 배워서 알지만 합성어는 처음 듣죠? 복합어는 결합 방법에 따라 합성어와 파생어로 분류해요. 우선 이번에는 **둘 이상의 어근으로 이루어진** 합성어를 살펴볼게요.

합성어는 둘 이상의 어근이 결합해 만들어진 말이니까 더 나누어도 뜻이 사라지지 않고, 나누어진 말 모두 실질적인 뜻을 가지고 있어요. 한번 '방바닥'을 예시로 들어 볼까요? '방바닥'은 '방＋바닥'으로 나눌 수 있어요. '방'과 '바닥'이라는 뜻이 남아 있으니까요. 그리고 '방'과 '바닥'은 실질적인 의미를 가져서 혼자 쓸 수 있는 어근이에요.

이처럼 '발바닥(발＋바닥), 장난감(장난＋감), 색종이(색＋종이), 눈사람(눈＋사람)' 역시 둘 이상의 어근으로 이루어진 합성어예요. 그 외에도 우리말에는 무수히 많은 합성어가 있답니다.

합성어를 찾으려면 뜻을 가진 말로 나누고, 각각의 말이 혼자 쓸 수 있는 말인지 잘 살펴봐야 해요.

1 다음 문장을 읽고 맞으면 ○표, 틀리면 ✕표 하세요.

1) 복합어에는 합성어와 파생어가 있다. ( )

2) 합성어는 한 개의 어근으로 이루어진 단어이다. ( )

3) '눈사람'은 '눈＋사람'이므로 합성어이다. ( )

2 〈보기〉처럼 합성어를 나누어 쓰세요.

보기

고무장갑 : 고무 + 장갑

1) 배추김치 : ( ) + ( )

2) 감나무 : ( ) + ( )

3) 콩나물 : ( ) + ( )

3 다음 중 합성어끼리 묶인 것을 고르세요.

① 봄비 – 돌다리 ② 고무신 – 거울 ③ 손발 – 헛수고

④ 심술쟁이 – 책가방 ⑤ 바퀴 – 색연필

④ 파생어

파생어란? : 어근과 접사의 결합으로 이루어진 단어

안녕? 지금부터 내 소개를 시작하지. 나는야 멋쟁이. 때로는 개구쟁이!

그럼 이제 내 소개도 시작하지~ 나는야 잠꾸러기. 때로는 장난꾸러기! 예~

형이랑 동생이 랩으로 자기소개를 하고 있어요. 둘의 랩에는 '-쟁이'와 '-꾸러기'가 반복되는데, 사실 이 두 단어는 파생어를 만들 때 필요한 접사예요. 그러니까 '멋쟁이, 개구쟁이, 잠꾸러기, 장난꾸러기' 모두 파생어인 거죠.

파생어는 합성어처럼 뜻을 가진 말들로 나눌 수 있지만, 그중 일부는 실질적인 뜻을 지닌 어근이 아니라 어근에 붙어서 뜻을 더하거나 제한하는 접사예요. 즉 파생어는 **어근과 접사의 결합으로 이루어진 단어**랍니다.

이해하기 쉽게 '멋쟁이, 잠꾸러기'를 예로 들어 볼까요?

먼저 '멋쟁이'는 '멋＋-쟁이'로 나눌 수 있어요. '-쟁이'는 '그것이 나타내는 속성을 많이 가진 사람'이라는 뜻을 가진 말이에요. 하지만 어근처럼 혼자 쓸 수 없고 항상 어근에 붙어서 쓰이는 접사이기 때문에 '멋쟁이'는 파생어예요.

'잠꾸러기'는 '잠＋-꾸러기'로 나눌 수 있어요. '-꾸러기' 역시 '그것이 심하거나 많은 사람'이라는 뜻을 가지고 있지만, 어근에 붙어서 쓰이는 접사예요. 그래서 '잠꾸러기'도 파생어인 거죠.

아하!

접사가 어근 앞에 붙으면 접두사, 어근 뒤에 붙으면 접미사라고 해요.

예 접두사: 햇곡식 / 접미사: 재주꾼

1 바른 설명이 되도록 알맞은 말에 ○표 하세요.

1) 복합어 중 접사 / 어근 (이)가 있는 단어는 파생어이다.

2) 접사는 어근 / 문장 에 붙어 뜻을 더하거나 제한하는 역할을 한다.

3) 어근 앞에 붙는 접사를 접두사 / 접미사 라고 한다.

2 〈보기〉처럼 파생어를 나누어 쓰세요.

> **보기**
>
> 헛소문 : 헛– + 소문

1) 맨주먹 : (   ) + (   )

2) 선생님 : (   ) + (   )

3) 새하얗다 : (   ) + (   )

3 다음 중 파생어끼리 묶인 것을 고르세요.

① 풋사과 – 종이   ② 바닥 – 사탕   ③ 말썽꾸러기 – 거짓말쟁이

④ 김밥 – 잔소리   ⑤ 밤낮 – 대추나무

1-3 단어의 의미 관계

유의어 - 반의어	상의어 - 하의어	동음이의어-다의어
유의어 비좁다 좁다 반의어 넓다	상의어 동물 ↓ 하의어 고양이	동음이의어 차( ), 차( ) 다의어 머리

유의어-반의어　　　　　**상의어-하의어**

동음이의어-다의어

국어사전에 실린 단어는 몇 개일까요? 아마 셀 수도 없이 많을 거예요.

그중에는 서로 다양한 의미 관계를 가진 단어들도 있어요.

우리말은 단어의 의미 관계에 따라 유의어와 반의어, 상의어와 하의어,

동음이의어와 다의어로 구분할 수 있답니다.

먼저 '좁다, 비좁다'처럼 뜻이 비슷한 말들은 유의어, '좁다, 넓다'처럼 뜻이 반대인

말들은 반의어라고 해요. 또 '동물'과 '고양이'처럼 포함하는 말과 포함되는 말은

각각 상의어, 하의어라고 불러요. 마지막으로 달리는 '차'와 마시는 '차'처럼 소리는

같지만 전혀 다른 뜻을 가진 말은 동음이의어, 신체 부위 또는 생각하는 능력의

'머리'처럼 하나의 단어가 두 가지 이상의 의미로 쓰이는 단어는 다의어라고 해요.

이번 소단원에서는 단어 사이의 의미 관계에 집중해서 유의어와 반의어, 상의어와

하의어, 동음이의어와 다의어를 구분해 보아요.

① 유의어

유의어란? : 뜻이 서로 비슷한 말

뜻? 대변? 꼭 둘 중에 하나만 써야 할까요? 두 단어는 의미가 비슷해서 바꾸어 쓸 수 있어요. 바꾸어
써도 하고 싶은 말을 전달하는 데 크게 문제가 되지 않거든요. 이처럼 **뜻이 서로 비슷한 말**을 유의어
라 하고, 이러한 말들의 관계를 유의 관계라고 해요.

하지만 유의 관계의 말이라도 어감을 생각해서 적절한 곳에 사용하는 게 좋아요. 예를 들어 예의를 차
려야 하는 자리에서는 '똥'이라고 말하기보다 '대변'이라 말하는 것이 나으니까요.

또 '똥'은 '싸다'와 어울리고, '대변'은 '보다'가 어울리듯 유의어는 의미가 비슷해도 각자 어울리는 표
현과 함께 써야 한답니다.

유의어는 각각의 단어가 주는 느낌이 다르니까 상황과 대상, 문장에 따라 알맞게 써야 해요.

1 다음 문장을 읽고 맞으면 ○표, 틀리면 ✕표 하세요.

1) 유의어는 뜻이 서로 비슷한 말이다.　　　　　　　　　　　　　　　　（　　　）

2) '길다'의 유의어는 '짧다'이다.　　　　　　　　　　　　　　　　　　（　　　）

3) 유의어는 어감과 상관없이 아무 곳에 사용해도 된다.　　　　　　　　（　　　）

2 다음 짝지어진 단어 중 유의 관계가 <u>아닌</u> 것을 고르세요.

❶ 기르다 – 키우다　　　　**❷** 참다 – 견디다　　　　**❸** 소년 – 소녀

❹ 가족 – 식구　　　　　　**❺** 부끄럽다 – 창피하다

3 〈보기〉의 유의어를 사용하여 문장을 완성하세요.

─── 보기 ───
밥　　진지　　여유　　틈　　나이　　연세

1) 나는 누나와 함께 (　　　　　　)을/를 먹었다.

할아버지께서는 아직 (　　　　　　)을/를 안 드셨다.

2) 내 친구는 (　　　　　　)에 비해 생각이 깊다.

할머니께서는 (　　　　　　)이/가 많으시다.

3) 유진이는 (　　　　　　)만 나면 스마트폰을 들여다보았다.

어제 숙제를 다 했더니 시간의 (　　　　　　)이/가 생겼다.

② 반의어

반의어란? : 뜻이 서로 반대인 말

라면은 뜨거워야 맛있고, 냉면은 차가워야 맛있죠? 이때 '뜨겁다', '차갑다'와 같이 **뜻이 서로 반대인 말을 반의어**라고 해요. 그리고 이러한 말들의 관계를 반의 관계라고 하죠.

그런데 반의어에도 공통점이 있다는 사실, 알고 있나요? '뜨겁다'와 '차갑다'는 서로 뜻이 반대이지만 온도에 관련된 말이에요. 즉 반의어는 서로 공통점이 있으면서 동시에 다른 한 개의 대립되는 특징이 있어야 해요. '어른'과 '아이'도 마찬가지예요. 사람이라는 공통점이 있고, 동시에 나이라는 대립되는 특징이 하나 있기 때문에 이 둘은 반의어죠.

반의어에서 주의할 점은 때로 하나의 단어에 여러 개의 반의어가 있을 수도 있다는 거예요. '벗다'의 반의어는 상황에 따라 달라지는데, 옷의 경우에는 '입다', 모자나 안경의 경우에는 '쓰다', 양말이나 신발의 경우에는 '신다'가 '벗다'의 반의어랍니다.

이해했나요?

1 바른 설명이 되도록 알맞은 말에 ○표 하세요.

1) 반의어는 뜻이 서로 비슷한 / 반대인 말이다.

2) 반의어는 서로 공통점이 있고 / 없고 한 개의 대립되는 특징이 있다.

3) 하나의 단어에 여러 개의 반의어가 있을 수 있다 / 없다.

2 반의 관계가 되도록 〈보기〉에서 알맞은 반의어를 찾아 쓰세요.

보기

더럽다   성공   어둡다

1) 실패 – (   )

2) 밝다 – (   )

3) 깨끗하다 – (   )

3 밑줄 친 단어의 반의어를 고르세요.

1) 선생님께서 우리의 의견에 **찬성**하셨다.   1 동의   2 반대

2) 수업 시간에는 모자를 **벗어야** 합니다.   1 입어야   2 써야

3) 나는 후에게 책을 **주었다**.   1 받았다   2 건넸다

③ 상의어

상의어란? : 다른 말을 포함하는 말

우리나라의 계절

여러분은 어떤 계절을 제일 좋아하나요? 따뜻하게 소풍을 즐길 수 있는 봄을 좋아하는 친구가 있을 거고, 시원한 물놀이를 할 수 있는 여름을 좋아하는 친구도 있을 거예요. 알록달록 단풍이 예쁘게 핀 가을을 좋아하는 친구와 흰 눈이 펑펑 내리는 겨울을 좋아하는 친구도 있겠죠.

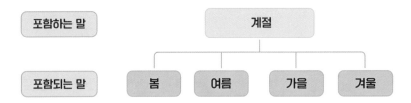

좋아하는 계절을 묻는 질문에 봄, 여름, 가을, 겨울이라는 답이 나왔다는 것은 '계절'이 '봄, 여름, 가을, 겨울'을 포함하고 있다는 말이에요.

이때 '계절'처럼 다른 말을 포함하는 말을 상의어라고 해요. 어떤 말을 포함하는 상의어는 포함되는 말보다 일반적이고 포괄적이어서 뜻의 범위가 더 넓어요.

이해했나요?

1 바른 설명이 되도록 알맞은 말에 ○표 하세요.

1) **상의어 / 하의어** 는 다른 말을 포함하는 말이다.

2) 상의어는 하의어보다 **일반적 / 제한적** 이고 **포괄적 / 구체적** 인 뜻을 가진다.

3) 장미의 상의어는 **계절 / 식물** 이다.

2 빈칸에 들어갈 알맞은 상의어를 〈보기〉에서 찾아 쓰세요.

보기

과목   과일   직업

	상의어	하의어
1)		판사, 의사, 요리사, 기관사, 선생님
2)		국어, 영어, 수학, 사회, 과학
3)		사과, 배, 귤, 포도, 감

3 다음 대화를 읽고, 밑줄 친 단어 중 상의어가 <u>다른</u> 것을 고르세요.

엄마: 얘들아, 오늘 저녁에 먹고 싶은 음식이 있니?

후: 저번에 ❶**상추**랑 ❷**양파** 넣고 해 주신 겉절이 맛있었어요! 그거 또 먹고 싶어요!

엄마: 그래, 겉절이 만들어 줄게. 건이는?

건: 저는 카레 먹고 싶어요. 카레에 ❸**돼지고기**, ❹**당근**, ❺**감자** 들어가는 거 맞죠?

엄마: 맞아. 카레도 만들어 먹자.

④ 하의어

하의어란? : 다른 말에 포함되는 말

우아한 클래식 연주가 이어지고 있어요. 이런 오케스트라 연주를 위해서는 다양한 악기가 필요해요. 줄로 소리를 내는 현악기, 입으로 불어서 소리를 내는 관악기, 두드려서 소리를 내는 타악기, 건반을 가진 건반 악기 말이에요.

이때 악기의 종류처럼 **다른 말에 포함되는 말**을 하의어라고 해요. 그리고 다른 말을 포함하는 상의어와 다른 말에 포함되는 하의어의 관계를 상하 관계라고 해요. 어떤 말에 포함되는 하의어는 상의어보다 구체적이고 한정적이어서 뜻의 범위가 더 좁아요.

그런데 상하 관계에서는 중요한 점이 있어요. '악기'라는 큰 범위에 '현악기, 관악기, 건반 악기, 타악기'가 포함되어 있는데, 또 '현악기'에는 '첼로, 바이올린, 비올라'가 포함되죠? 그러니까 '현악기'는 '악기'의 하의어이면서 동시에 '첼로'의 상의어인 거예요. 이처럼 단어의 상하 관계는 무엇과 비교하느냐에 따라 달라지는 상대적인 개념이랍니다.

1 다음 문장을 읽고 맞으면 ○표, 틀리면 ✕표 하세요.

1) 하의어는 다른 말에 포함되는 말이다. ( )

2) 하의어는 한 번 하의어가 되면 상의어가 될 수 없다. ( )

3) '노란색'은 '색깔'의 하의어이다. ( )

2 다음 단어의 하의어가 <u>아닌</u> 것을 고르세요.

1) (국가) ① 대한민국 ② 미국 ③ 인도 ④ 중국 ⑤ 강원도

2) (포유류) ① 뱀 ② 고래 ③ 토끼 ④ 코끼리 ⑤ 고양이

3) (대륙) ① 아시아 ② 유럽 ③ 아프리카 ④ 태평양 ⑤ 북아메리카

4) (꽃) ① 장미 ② 대나무 ③ 백합 ④ 진달래 ⑤ 튤립

5) (가족) ① 누나 ② 형 ③ 선생님 ④ 아버지 ⑤ 어머니

3 다음 짝지어진 단어 중 상하 관계가 <u>아닌</u> 것을 고르세요.

① 건강식품 – 홍삼 ② 의류 – 바지 ③ 주스 – 탄산음료

④ 식기 – 밥그릇 ⑤ 필기구 – 연필

⑤ 동음이의어

저런, 말(🐴)이 말(💬)을 듣지 않아 곤란한가 봐요! 그런데 말(🐴)과 말(💬), 소리는 같은데 전혀 다른 뜻을 가지고 있네요?

이처럼 소리는 같지만 뜻이 전혀 다른 말을 동음이의어라고 해요. 그리고 이러한 말들의 관계를 동음이의 관계라고 해요.

우리말에는 말(🐴)과 말(💬) 외에도 다양한 동음이의어가 있어요. 차(🚗)와 차(☕), 팔(💪)과 팔(8) 같은 것들이죠. 여러분도 주변에 어떤 동음이의어가 있는지 한번 찾아보세요.

동음이의어는 소리가 같아서 소리만으로는 뜻을 구분하기 어려워요.
그러니까 앞과 뒤에 어떤 말이 있는지, 어떤 상황에서 쓰였는지 꼭 살펴보세요.

1 다음 문장을 읽고 맞으면 ○표, 틀리면 ✕표 하세요.

1) 동음이의어는 소리는 다르지만 뜻이 같은 말이다. ( )

2) 다리( )와 다리( )는 동음이의 관계이다. ( )

3) 동음이의어는 소리로 뜻을 구별하기 어려워 앞뒤 말과 상황을 살펴보아야 한다. ( )

2 밑줄 친 단어와 알맞은 그림을 연결하세요.

1) 지수는 **배**가 아파서 병원에 갔다. •

• ㄱ

2) 영재는 독도로 향하는 **배**를 탔다. •

• ㄴ

3 빈칸에 공통으로 들어갈 동음이의어를 〈보기〉에서 찾아 쓰세요.

보기

듣다   묻다   차다

1) 씨앗을 땅에 _____ .

궁금한 것을 친구에게 _____ .

2) 지하철에 승객들이 가득 _____ .

겨울 날씨가 너무 _____ .

⑥ 다의어

다의어란? ⠶ 하나의 말에 관련된 뜻이 여러 가지인 말

> 넌 참 ①눈이 예뻐!
>
> 진짜? 고마워. 그런데 요즘 자꾸 ②눈이 나빠져서 걱정이야.
>
> 안경을 껴 보는 건 어때?ㅠㅠ 넌 보는 ③눈이 있으니까 안경도 예쁜 걸로 고를 수 있을 거야!

친구들의 대화를 보면 '눈'이라는 단어가 세 번이나 나와요. 하지만 다 다른 뜻을 가지고 있어요.

①눈은 물체를 볼 수 있는 감각 기관, ②눈은 시력, ③눈은 사물을 보고 판단하는 힘을 의미해요. 세 단어는 완벽하게 뜻이 같지 않지만 관련이 있어요.

이처럼 **하나의 말에 관련된 뜻이 여러 가지인 말을** 다의어라 하고, 이러한 말들의 관계를 다의 관계라 고 해요.

그런데 혹시 신기한 점을 발견했나요? 신체 기관인 눈(👁) 말고, 하늘에서 내리는 하얀 솜 같은 얼음 조각도 눈(❄)이라고 하잖아요. 즉 '눈'은 다의어이자 동음이의어도 되는 거죠.

그렇다면 동음이의어와 다의어는 어떻게 구분할까요? 각 단어의 뜻이 서로 관련이 있는지만 살펴보 면 돼요. 눈(👁)과 눈(❄)처럼 소리만 같고 뜻이 완전히 다르면 동음이의어, 신체 기관인 눈과 시력, 안목처럼 뜻이 서로 관련이 있으면 다의어예요.

아하!

국어사전에서 한 단어에 여러 가지 뜻이 쓰여 있는 건 다의어이고, 따로 표시되어 쓰여 있는 건 동음이의어예요.

동음이의어	눈¹ 「명사」	1. 사람이나 동물의 얼굴에 있으며 빛의 자극을 받아 물체를 볼 수 있는 감각 기관.	다의어
		2. 사물의 존재나 형태를 구별하여 알 수 있는 눈의 능력.	
		3. 사물을 보고 판단하는 힘.	
	눈⁴ 「명사」	공기 중에 있는 물기가 얼어서 땅으로 떨어지는 하얀 솜과 같은 작은 얼음 조각.	

1 다음 문장을 읽고 맞으면 ○표, 틀리면 ╳표 하세요.

1) 다의어는 하나의 말에 관련된 뜻이 전혀 없는 말이다.   (   )

2) 국어사전에서 한 단어에 여러 뜻이 있으면 다의어이다.   (   )

3) 눈(👁)과 눈(❄)은 다의 관계이다.   (   )

2 밑줄 친 단어를 각 의미에 맞게 연결하세요.

1) 내 동생은 **입**이 커.   •   • ㄱ 사람이 하는 말

2) 진규는 **입**이 거칠어.   •   • ㄴ 음식을 먹는 사람의 수

3) **입**이 하나 줄었네.   •   • ㄷ 음식을 먹고 소리를 내는 기관

3 밑줄 친 단어들의 관계가 다의 관계가 <u>아닌</u> 것을 고르세요.

❶ 먹다	지혜는 햄버거랑 피자를 **먹었다**.
	마음만 **먹으면** 무엇이든 할 수 있어!
❷ 목	기린은 **목**이 정말 길구나!
	아영이는 **목**이 쉬어서 제대로 대답하지 못했다.
❸ 세다	힘만 **세다고** 싸움에서 이기는 것은 아니다.
	선생님께서 운동장에 모인 학생들의 수를 **세셨다**.

1-4 품사

명사 대명사 수사 동사 형용사

관형사 부사 조사 감탄사

마트의 상품들이 분류되지 않고 아무 곳에나 쌓여 있다면, 사고 싶은 물건을 찾기가 어렵겠죠? 우리가 사용하는 단어들도 공통된 성질을 지닌 것끼리 모아야 쉽게 이해할 수 있어요. 단어는 형태, 기능, 의미에 따라 분류하는데, 이렇게 분류한 단어의 갈래를 품사라고 해요.

먼저 형태를 기준으로 분류할 때는 문장에서 형태가 변하는지, 변하지 않는지에 따라 나누어요. 기능을 기준으로 분류할 때는 주어, 서술어처럼 단어가 하는 역할에 따라 나누죠. 마지막으로 의미를 기준으로 분류할 때는 단어가 공통으로 지닌 의미에 따라 9가지로 나눌 수 있답니다.

이번 소단원에서는 의미를 기준으로 나누어진 9가지 품사를 자세히 살펴보아요.

형태	기능	의미
형태가 변하지 않음	체언	명사
		대명사
		수사
	관계언	조사
	수식언	관형사
		부사
	독립언	감탄사
형태가 변함	용언	동사
		형용사

① 명사

명사란? : 사람이나 사물 등 대상의 이름을 나타내는 단어

> 두 친구 자기소개 부탁해요~
>
> 저희는 다락 초등학교에 다니는 준호, 혜리입니다.
>
> 기쁨도 슬픔도 함께 나누는 단짝이죠!

노래 경연에 앞서 친구들이 자기소개를 하고 있어요. 자신의 이름 말고도 다양한 대상의 이름도 말했지요. 친구들이 말한 '다락 초등학교, 준호, 혜리, 기쁨, 단짝'처럼 **사람이나 사물 등 대상의 이름을 나타내는 단어**를 **명사**라고 해요.

명사는 중요한 특징이 하나 있어요. 바로 문장 안에서 형태가 변하지 않는다는 거예요. '친구가 최고야!', '나는 친구를 좋아해.' 두 문장에서 '친구'의 위치는 다르지만 형태는 똑같은 것처럼요.

한편 명사는 성격에 따라 여러 종류로 나눌 수 있어요. 먼저 두루 쓸 수 있는지 없는지에 따라 나눌 수 있답니다. '친구, 기쁨, 슬픔, 단짝'과 같이 두루 쓸 수 있는 이름은 보통 명사라고 하고, '다락 초등학교, 준호, 혜리'와 같이 특정한 사람이나 사물에만 붙여진 이름은 고유 명사라고 해요.

다음으로 대상이 구체적인지 추상적인지에 따라 나눌 수도 있어요. '친구, 다락 초등학교, 준호, 혜리, 단짝'처럼 눈에 보이는 대상의 이름은 구체 명사라고 하고, '기쁨, 슬픔'처럼 눈에 보이지 않는 대상의 이름은 추상 명사라고 한답니다.

1 다음 문장에서 명사를 모두 찾아 ○표 하세요.

1) 민서는 내 친구다.

2) 국립중앙과학관은 대전에 있다.

3) 실패는 성공의 어머니이다.

2 밑줄 친 명사의 종류를 고르세요.

1) **개구리**가 울면 비가 온다.　　　　　　　**①** 보통 명사　　**②** 고유 명사

2) 어제 부모님과 **설악산**을 등반했다.　　　**①** 보통 명사　　**②** 고유 명사

3) 우리는 **대한민국** 국민이다.　　　　　　**①** 보통 명사　　**②** 고유 명사

3 〈보기〉의 단어를 구체 명사와 추상 명사로 구분하여 쓰세요.

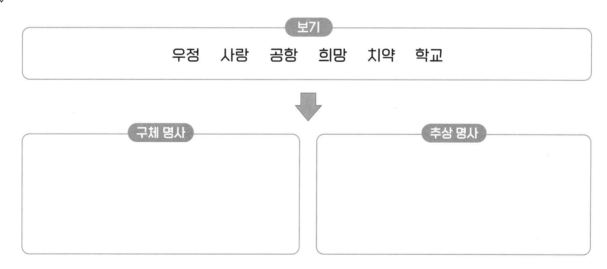

보기

우정　사랑　공항　희망　치약　학교

구체 명사

추상 명사

② 대명사

대명사란? : 사람이나 사물 등 대상의 이름을 대신 나타내는 단어

> 여기 좋다!
> 너는 무슨 맛 먹을 거야?

> 나는 이것이 좋겠어!

초콜릿 맛 아이스크림

딸기 맛 아이스크림

친구들이 시원한 아이스크림을 먹으러 갔나 봐요. 아이스크림을 고르며 말한 '여기, 너, 이것'은 무엇을 뜻하는 말일까요? '여기'는 '아이스크림 가게'를 나타내고, '너'는 '아이스크림을 가리키는 친구'를, '이것'은 '초콜릿 맛 아이스크림'을 나타내요.

이처럼 **사람이나 사물 등 대상의 이름을 대신 나타내는 단어**를 대명사라고 해요. 대명사는 어떤 명사를 대신하는지가 중요한데, 앞뒤 문장의 관계나 상황을 살펴보면 쉽게 알 수 있어요.

한편 대명사는 사물이나 장소의 이름을 대신하여 나타내는 대명사와 사람의 이름을 대신하여 나타내는 대명사로 나눌 수 있어요. 이때 '여기, 이것, 저것'처럼 사물이나 장소의 이름을 대신 나타내는 대명사를 지시 대명사라고 하고, '나, 너, 우리, 이분, 저분'처럼 사람의 이름을 대신 나타내는 대명사를 인칭 대명사라고 해요.

대명사도 문장 안에서 형태가 변하지 않아요.

예 여기는 위험 지역이야. / 쓰레기는 여기에 버려 줘.

1 다음 빈칸에 공통으로 들어갈 단어를 쓰세요.

- 사람이나 사물의 이름을 대신 나타내는 단어를 (　　　)(이)라고 한다.
- (　　　)도 명사처럼 형태가 변하지 않는다.
- (　　　)에는 '우리, 저분, 이것, 여기' 등이 속한다.

(　　　　　　　　　　　)

2 밑줄 친 대명사의 종류를 고르세요.

1) 바로 **너희** 중에 범인이 있다.   ① 인칭 대명사   ② 지시 대명사

2) 이곳 말고 **저곳**에 있는 식당으로 가자.   ① 인칭 대명사   ② 지시 대명사

3) **우리**는 내일 놀이공원에 놀러 갈 거야.   ① 인칭 대명사   ② 지시 대명사

3 다음 글을 읽고, 밑줄 친 단어를 대신할 대명사를 고르세요.

어제 나는 동생을 데리고 꽃집에 갔다. 그리고 엄마께 드릴 예쁜 장미와 백합을 샀다. 엄마는 나와 동생이 산 꽃을 보시고 무척 좋아하셨다. 그 후로 엄마와 **꽃집**을 지날 때마다 엄마는 나와 동생의 머리를 쓰다듬어 주신다.

① 그곳   ② 너희   ③ 이것   ④ 우리   ⑤ 저분

③ 수사

곧 달리기 경주가 있을 건가 봐요. 과연 다섯 중 누가 첫째로 결승전을 통과할지 궁금해요. 그런데 방금 한 말과 친구들의 속마음을 보면, 수와 순서를 나타내는 말들이 있죠? '하나, 둘, 셋, 넷, 다섯, 첫째' 같은 말 말이에요.

이처럼 **대상의 수나 양, 순서를 나타내는 단어**를 수사라고 해요. 수사 역시 두 가지 종류로 나눌 수 있어요. '하나, 둘 셋, …' 또는 '일, 이, 삼, …'처럼 대상의 수나 양을 나타내는 수사는 양수사라고 하고, '첫째, 둘째, 셋째, …'와 같이 순서를 나타내는 수사는 서수사라고 한답니다.

수사도 문장 안에서 형태가 변하지 않아요.

⑩ 연필 하나만 빌려 줘.

하나를 듣고 열을 안다.

그리고 명사, 대명사, 수사를 묶어 체언이라고 해요. 주로 문장에서 주어나 목적어로 쓰이죠.

1 바른 설명이 되도록 알맞은 말에 ○표 하세요.

1) 대상의 수나 양, 순서를 나타내는 단어를 수사 / 명사 / 대명사 라고 한다.

2) 수나 양을 나타내는 수사를 양수사/서수사 라고 한다.

3) 순서를 나타내는 수사를 양수사/서수사 라고 한다.

2 다음 문장에서 수사를 모두 찾아 ○표 하세요.

1) 너와 나는 둘 다 공부를 잘한다.

2) 우리 반은 모든 축구 시합에서 백이면 백 이겼다.

3) 진우는 열심히 뛰었지만 다섯째로 들어왔다.

3 밑줄 친 단어가 양수사면 '양', 서수사면 '서'를 쓰세요.

1) 아주머니, 여기 김치찌개 **하나** 주세요.   (   )

2) 소화기를 사용할 때는 **첫째**, 안전핀을 뽑아야 한다.   (   )

3) **삼**은 내가 제일 좋아하는 숫자이다.   (   )

④ 동사

동사란? ： 사람이나 사물 등의 행동을 나타내는 단어

여러분도 이런 단어 카드로 한글 공부를 했나요? 그림 속 단어 카드에는 각각 의자에 앉아 있는 모습, 책을 읽는 모습, 누워서 자는 모습이 담겨 있어요. 이와 같이 **사람이나 사물 등의 행동을 나타내는 단어를 동사**라고 해요. 그러니까 카드에 나온 '앉다, 읽다, 자다' 역시 동사랍니다.

동사는 앞에서 배운 명사, 대명사, 수사와 달리 문장 안에서 형태가 변해요. 아래 예시를 한번 볼까요?

	어간	어미
• 의자에 **앉다**.	앉	다
• 의자에 **앉으려고**	앉	으려고
• 의자에 **앉아서**	앉	아서

'앉'은 변하지 않지만 '앉'에 붙은 말들은 계속 변하고 있죠? 이처럼 문장에 쓰일 때 형태가 변하는 것을 활용이라고 하는데, '앉'처럼 변하지 않는 부분을 어간, '-다, -(으)려고, -아서'처럼 변하는 부분을 어미라고 해요. 우리는 어미 덕분에 동사를 다양한 형태로 활용할 수 있어요.

동사의 기본형은 보통 어간에 '-다'를 붙이면 돼요.

예 자- + -다 = 자다

1 바른 설명이 되도록 알맞은 말에 ○표 하세요.

1) 사람이나 사물 등의 상태 / 행동 (을)를 나타내는 단어를 동사라고 한다.

2) 문장에서 단어를 쓸 때 형태가 변하는 것을 활용 / 이용 이라고 한다.

3) 활용할 때 변하지 않는 부분을 어간 / 어미 , 변하는 부분을 어간 / 어미 라고 한다.

2 밑줄 친 단어 중 동사를 고르세요.

〈 급훈 투표 〉

1) 휴대폰 말고 ❶ **칠판**을 ❷ **보자**! ☐

2) 오늘 흘린 침은 내일의 ❸ **눈물** ☐

3) ❹ **포기**는 ❺ **배추** 셀 때나 쓰는 말! ☐

3 〈보기〉에 있는 동사의 활용형을 사용하여 문장을 완성하세요.

보기

읽었다　　　읽지　　　읽을

1) 나는 어제 어린이 잡지를 _____ .

2) 수호는 한문을 잘 _____ 못한다.

3) 너 이 글자 _____ 줄 알아?

⑤ 형용사

형용사란? 　⋮　사람이나 사물 등의 상태나 성질을 나타내는 단어

"원숭이 엉덩이는 빨개~" 여러분도 이 노래 알고 있나요? 참 재밌는 노래예요. 이 노래를 부르다 보면 '빨갛다, 맛있다, 길다' 외에도 '빠르다, 높다'와 같은 단어들이 이어져 나와요.

위 단어들은 다 **사람이나 사물 등의 상태나 성질을 나타내는** 단어예요. 이런 단어들을 형용사라고 해요.

형용사는 동사처럼 문장 안에서 형태가 변한답니다. 아래 예시를 살펴보아요.

	어간	어미
· 여름에는 밤보다 낮이 **길다**.	길	다
· 여름에는 낮이 **길지만** 밤은 짧다.	길	지만
· 여름에는 낮이 **길고**, 겨울에는 밤이 **길다**.	길	고

형용사도 동사처럼 어미를 바꾸어 문장에서 여러 형태로 활용할 수 있죠? 둘은 참 많이 닮았어요.

하지만 형용사는 동사와 다른 점이 있어요. 동사와 달리 활용하는 범위가 제한적이거든요.

활용		형용사			동사	
요청(~하자)	사과는	맛있자.	[×]	같이	공부하자.	[○]
명령(~해라)	사과는	맛있어라.	[×]	같이	공부해라.	[○]

위의 예시처럼 동사와 달리 형용사는 활용해서 무언가 요청하거나 명령할 수 없어요. 움직임을 요청하거나 명령할 수는 있지만, 성질이나 상태를 요청하거나 명령할 수는 없기 때문이에요.

동사, 형용사를 묶어 용언이라 불러요.
주로 문장의 주체를 풀이하는 서술어의 역할을 해요.

1 바른 설명이 되도록 빈칸에 알맞은 말을 쓰세요.

> 형용사는 사람이나 사물 등의 (　　　　　　　)나 (　　　　　　　)을/를 나타내는 단어이다.

2 〈보기〉의 형용사를 활용하여 속담을 완성하세요.

> **보기**
>
> 곱다　　달다　　크다

1) 배보다 배꼽이 ＿＿＿＿＿＿＿ .

2) ＿＿＿＿＿＿＿ 삼키고 쓰면 뱉는다.

3) 가는 말이 고와야 오는 말이 ＿＿＿＿＿＿＿ .

3 형용사를 활용한 문장으로 바르지 않은 것을 고르세요.

❶ 이 떡볶이는 **맵지만** 맛있어.

❷ 구두가 정말 **가볍고** 예쁘네요!

❸ 너 오늘 정말 **멋있자**!

❹ 다음 달에 설악산에 가면 엄청 **아름답겠다**.

❺ 여기 자장면은 **맛있는데** 탕수육은 별로 맛이 없어.

⑥ 관형사

관형사란? : 체언(명사, 대명사, 수사) 앞에서 체언을 꾸며 주는 단어

두껍아, 두껍아, 헌 집 줄게. 새 집 다오 ~♬

그 집 정말 잘 지었다!

전에 지은 세 집은 무너졌는데, 이 집이라도 남아서 다행이야.

친구들이 모래로 집을 짓고 있네요. 친구들의 노랫말과 대화를 잘 들어 보면, 집을 표현하는 말이 다 달라요. 어떤 집인지 자세히 표현하기 위해서 꾸며 주는 말을 다 다르게 썼거든요.

헌 집   새 집   그 집   세 집   이 집

위 단어들이 명사인 집을 꾸며 어떤 집인지 명확히 표현한 것처럼 **체언인 명사, 대명사, 수사 앞에서 체언을 꾸며 주는 단어를** 관형사라고 해요. 관형사는 문장 안에서 형태가 변하지 않아요.

그리고 관형사는 세 가지 종류로 나누어요. '새, 헌'처럼 **사물의 성질이나 상태를 나타내는 관형사**는 성상 관형사라고 해요. '순, 온갖, 옛' 같은 말도 성상 관형사예요. 또 '그, 이'를 포함하여 '이런, 저런' 등 어떤 대상을 가리키는 관형사는 지시 관형사라고 해요. 마지막으로 '세'와 같이 사물의 수와 양을 나타내는 관형사는 수 관형사라고 해요. 수 관형사에는 '한, 두, 여러, 몇, 첫' 같은 것들이 있답니다.

아하! 수 관형사는 수사와 헷갈릴 수 있지만, 뒷말을 꾸며 주니까 관형사예요.

예) 바나나 한 송이 / 바나나 하나 송이 ➡ (한 : 관형사 / 하나 : 수사)
      O   X

1 다음 문장을 읽고 맞으면 ○표, 틀리면 ✕표 하세요.

1) 관형사는 체언인 명사, 대명사, 수사를 꾸며 주는 단어이다. ( )

2) 관형사는 체언 뒤에 쓰인다. ( )

3) 관형사는 문장 안에서 형태가 변하지 않는다. ( )

2 다음 문장에서 관형사를 모두 찾아 ○표 하세요.

1) 그 방에는 새 책상과 화장대가 있어요.

2) 목장에는 양 두 마리, 소 세 마리가 있습니다.

3) 옛 사진을 보니 온갖 추억이 떠올랐다.

3 〈보기〉처럼 밑줄 친 관형사가 꾸며 주는 말을 화살표로 표시하세요.

보기

귀여운 강아지 인형을 받았다.

1) **어떤** 음식을 좋아하나요?

2) 곰 **세** 마리가 한집에 있다.

3) 피자를 **두** 판이나 먹었는데도 배고프다.

4) **저** 사람이 혹시 너희 담임 선생님이니?

5) 교실에 **맨** 처음으로 도착했다.

⑦ 부사

부사란? : 주로 용언(동사, 형용사)을 꾸며 주는 단어

이런, 곧 중요한 시험이 있나 봐요. 친구들의 말을 들어 보니 얼마나 걱정하고 긴장하는지 잘 느껴져요. 어떻게 알았냐고요? 둘 다 어떤 상태를 분명하고 구체적으로 말해 주는 말을 썼거든요.

'많이'는 '하다'라는 동사를, '너무'는 '어렵다'라는 형용사를 꾸미고 있죠? 이처럼 **주로 용언인 동사와 형용사를 꾸며 주는 단어를 부사**라고 해요. 부사는 '돕는 말'이라는 뜻으로, 다른 성분에 '어떻게'라는 의미를 덧붙여 상황이나 상태를 더 분명하고 구체적으로 만들어요. 문장 안에서 형태가 변하지도 않죠. 그런데 부사는 용언만 꾸미지 않아요.

'엄청'은 '열심히'라는 부사를, '과연'은 문장 전체를 꾸민 것처럼 부사는 때로 **부사나 문장 전체를 꾸미기도 해요.**

이때 '많이, 너무, 엄청, 열심히, 정말'과 같이 문장의 다른 성분(동사, 형용사, 부사 등)을 꾸며 주는 부사를 성분 부사, '과연, 설마'와 같이 문장 전체를 꾸며 주는 부사를 문장 부사라고 한답니다.

다른 말을 꾸며 주는 역할을 하는 말들을 수식언이라고 해요.
관형사는 체언을, 부사는 주로 용언을 꾸며 주는 역할을 하니까 당연히 수식언이겠죠?

1 다음 대화를 읽고, <u>잘못</u> 말한 사람을 찾아보세요.

> 준호: 부사는 주로 용언(동사, 형용사)을 꾸미는 수식언이야.
>
> 수연: 맞아. 그리고 부사는 때때로 문장 전체를 꾸며 주기도 해.
>
> 민호: 하지만 부사는 부사를 꾸며줄 수 없어.

(   )

2 다음 문장에서 부사를 모두 찾아 ○표 하세요.

1) 민주는 무척 많이 먹어요.

2) 과연 현수가 시험에 합격할 수 있을까?

3) 오늘의 우승자는 바로 신윤성입니다!

3 〈보기〉처럼 밑줄 친 부사가 꾸며 주는 말을 화살표로 표시하세요.

> **보기**
>
> 오늘 날씨가 **엄청** 덥네요!

1) 건이는 **이미** 밥을 먹었다.

2) 빵을 **아주** 많이 사왔다.

3) **설마** 나를 의심하는 거야?

4) **제발** 눈이 내렸으면.

5) 공이 **데굴데굴** 굴러갔다.

⑧ 조사

조사란? : 주로 체언 뒤에 붙어서 다른 말과의 문법적 관계를 표시하거나 특별한 뜻을 더해 주는 단어

> 준서는 물감을 가져오기로 했지?

> 응? 나 붓만 챙겨 왔는데?

> 에휴, 나랑 건이가 붓을 가져오기로 했잖아.

준서가 모둠 활동에 필요한 준비물을 잘못 챙겨 왔나 봐요. 만약 준서가 "나 붓도 챙겨 왔는데?"라고 말했으면, 완전 다른 상황이 되었을 거예요. 붓도 챙겨 왔다는 말은 물감도 들고 왔다는 말이니까요. '만'과 '도'의 차이로 문장의 뜻이 달라지다니, 정말 신기하죠?

우리는 '만, 도'를 비롯해서 '이/가, 은/는, 을/를, 랑' 등을 조사라고 해요. **조사는 주로 체언 뒤에 붙어서 다른 말과의 문법적 관계를 표시하거나 특별한 뜻을 더해 주는 단어**예요. 조사가 바뀜에 따라 문장이 이상해지거나 전혀 다른 뜻이 될 수 있어서 조사는 정말 중요해요.

조사의 종류에는 격조사, 보조사, 접속 조사가 있어요.

먼저 '이/가, 을/를, 에게, 이다'와 같이 앞말이 어떤 자격을 갖도록 만들어 주는 조사를 격조사라고 해요. 예를 들어 '건이가'에서 '가'는 '건이'를 문장의 주체인 주어로 만들어 주고, '붓을'에서 '을'은 '붓'을 가져와야 하는 대상인 목적어로 만들어 주죠.

두 번째로 '은/는, 만, 도' 등 앞말에 특별한 뜻을 더해 주는 조사를 보조사라고 해요. '준서는'에서 '는'은 강조나 대조의 뜻을 더해 줘요. '붓만'에 쓰인 '만'은 '다른 것은 빼고 그것만'이라는 뜻을 더해 주고요. '도'는 '그것 외에 다른 것도'라는 뜻을 더해 줘요.

마지막으로 두 단어를 같은 자격으로 이어 주는 조사는 접속 조사라고 해요. '나랑 건이'에서 '랑'이 '나'와 '건이'를 이어 주는 것처럼요. 접속 조사에는 '와/과, (이)랑, 하고' 등이 있어요.

아하!

문장 속 단어들의 관계를 나타내는 말들을 관계언이라고 해요.
조사는 주로 체언 뒤에 붙어서 단어들의 문법적 관계를 표시하니까 당연히 관계언이겠죠?
그리고 조사는 '이다'를 제외하면 문장 안에서 형태가 변하지 않아요.

1 바른 설명이 되도록 빈칸에 알맞은 말을 쓰세요.

조사는 주로 (   ) 뒤에 붙어서 다른 말과의 (   ) 관계를 표시하거나

특별한 뜻을 더해 주는 단어이다.

2 빈칸에 들어갈 조사의 종류를 〈보기〉에서 찾아 쓰세요.

보기

격조사   보조사   접속 조사

1)		두 단어를 같은 자격으로 이어 주는 역할	와/과, (이)랑, 하고
2)		강조나 대조와 같이 앞말에 특별한 뜻을 더해 주는 역할	은/는, 도, 만, 마저
3)		앞말이 주어, 목적어 등의 자격을 갖도록 만들어 주는 역할	이/가, 을/를, 이다

3 〈보기〉의 조사를 사용하여 문장을 완성하세요.

보기

도   와   에게

1) 민호_____ 수진이는 노래를 정말 잘한다.

2) 나는 고기뿐 아니라 채소_____ 잘 먹는다.

3) 엄마는 동생_____ 옷을 사 주셨다.

⑨ 감탄사

감탄사란? : 느낌이나 놀람, 부름, 대답 등을 나타내는 단어

귀신의 집이라니 보기만 해도 오싹해요! 누구라도 귀신을 만나면 '으아!' 외치며 도망가지 않을까요?
느낌이나 놀람을 나타내면서 말이죠. 이처럼 **말하는 이의 느낌이나 놀람을 나타내는 단어**를 감탄사
라고 해요. 위에서 친구들이 말한 '야, 응'과 같이 **부름과 대답을 나타내는 단어**도 감탄사예요.
사실 감탄사에는 신기한 특징이 두 가지 있어요. 아래 문장으로 설명해 줄게요.

> ㉠ 오호, 겁이 많은 녀석들이군.　　㉡ 겁이 많은 녀석들이군, 오호.

먼저 ㉠을 보면 '오호' 뒤에 반점이 있죠? 이처럼 감탄사 뒤에 문장이 계속될 때는 반점(,)을 써요.
그리고 ㉠과 ㉡을 보면 '오호'가 앞에 있든, 뒤에 있든 문장의 뜻에 영향을 주지 않죠? 이렇게 감탄사
는 어떤 위치에 가도 문장의 뜻에 큰 영향을 주지 않아요. 그건 바로 <u>감탄사가 다른 말과 관계를 맺지
않고 독립적으로 쓰이기</u> 때문이랍니다.
여기서 잠깐! '민서야!'는 감탄사일까요? 사람의 이름을 넣어 부르는 말은 꼭 감탄사 같지만, 감탄사
가 아니에요. 고유 명사 '민서'와 조사 '야'가 합쳐진 말이니까요. 누구를 부르는 말이라고 해서 다 감
탄사는 아니니까 이 점 꼭 기억해 주세요.

감탄사는 문장 안에서 형태가 변하지 않아요.
그리고 문장에서 다른 단어와 관계를 맺지 않고 독립적으로 쓰이기 때문에 독립언에 속해요.

1 다음 문장을 읽고 맞으면 ○표, 틀리면 X표 하세요.

1) 감탄사는 느낌이나 놀람, 부름, 대답 등을 나타내는 단어이다. ( )

2) 감탄사 뒤에 문장이 계속될 때는 온점(.)을 사용한다. ( )

3) '철수야!'는 감탄사이다. ( )

2 다음 대화에서 감탄사를 모두 찾아 ○표 하세요.

민현
어제 우리 반이랑 옆 반이 축구하는 거 봤어? 휴, 우리 팀이 졌어.

인준
으악! 또 졌어? 저번에도 졌잖아!

민현
흠, 이건 우리 팀 전략에 문제가 있다는 거야.

인준
야, 오늘 점심시간에 애들이랑 이야기해 보자.

3 다음 중 감탄사가 들어 있지 <u>않은</u> 문장을 고르세요.

① 민혁아, 이제 자러 가야지?

② 아이고, 우리 석이가 엄청 속상하구나.

③ 응, 이건 내 책이야.

④ 아차, 내 정신 좀 봐.

⑤ 에헴, 내가 생각해 냈지!

1 다음 단어의 종류를 알맞게 연결하세요.

1) 공항, 학교 •   • ㉠ 고유어

2) 비빔밥, 하늘 •   • ㉡ 외래어

3) 아파트, 치킨 •   • ㉢ 한자어

2 다음 중 단일어를 고르세요.

① 마을   ② 봄바람   ③ 얼음물   ④ 동화책   ⑤ 민소매

3 다음 중 단어를 바르게 나누지 <u>않은</u> 것을 고르세요.

① 논밭 → 논+밭   ② 헛기침 → 헛- +기침

③ 겁쟁이 → 겁쟁+ -이   ④ 심술꾸러기 → 심술+ -꾸러기

⑤ 방울토마토 → 방울+토마토

4 다음 중 합성어가 <u>아닌</u> 것을 고르세요.

① 김밥   ② 꽃신   ③ 밤나무   ④ 산나물   ⑤ 지우개

5 〈보기〉의 밑줄 친 접사가 더해 주는 뜻을 고르세요.

보기

<u>햇</u>곡식   <u>햇</u>과일   <u>햇</u>양파   <u>햇</u>감자

① 맛있는   ② 덜 익은   ③ 크기가 작은

④ 그해에 새로 난   ⑤ 판매할 수 없는

6 〈보기〉에 나오는 단어의 관계가 무엇인지 고르세요.

> 보기
>
> 서점 – 책방   어머니 – 엄마   이름 – 성함

① 다의 관계   ② 반의 관계   ③ 상하 관계

④ 유의 관계   ⑤ 동음이의 관계

7 냉장고를 사려면 몇 층으로 가야 하는지 고르세요.

① **1층** 화장품   ② **2층** 여성 의류   ③ **3층** 남성 의류

④ **4층** 스포츠 의류   ⑤ **5층** 가전제품

8 다음 중 밑줄 친 단어의 동음이의어를 고르세요.

> 문틈으로 바람이 들어왔다.

① 선풍기 **바람**이 세다.

② **바람**이 불고 비가 왔다.

③ 형이 **바람**처럼 나타났다.

④ 나의 **바람**대로 눈이 왔다.

⑤ 축구공에 **바람**을 가득 넣었다.

9 빈칸에 공통으로 들어갈 다의어를 고르세요.

> • 여진이는 _____을/를 숙이고 선생님께 인사를 했다.
>
> • 한 번만 보고 이 문제를 맞히다니, 너는 _____이/가 좋구나!
>
> • _____이/가 너무 덥수룩해서 미용실에 가야겠어.

① 손   ② 배   ③ 머리   ④ 다리   ⑤ 가슴

10 밑줄 친 단어 중 품사가 다른 것을 고르세요.

① 오늘의 **설거지** 당번은 우리 아빠다.   ② 올해 나의 형은 **서울 중학교**에 입학했다.

③ 이 더하기 삼은 **오**이다.   ④ 생생하게 **꿈**을 꾸면 이루어진다.

⑤ 엄마는 가끔 사진첩을 보시며 **추억**에 잠기셨다.

11 밑줄 친 단어 중 체언이 아닌 것을 고르세요.

> 태완: 지은아, 사탕 ❶ **하나** 먹을래? 딸기 맛이랑 레몬 맛이 있어.
>
> 지은: ❷ **고마워.** 나는 ❸ **이거** 먹을래.
>
> 태완: 맞다! 오늘 학교 끝나고 ❹ **떡볶이** 먹으러 갈래? 내가 살게!
>
> 지은: 좋아! 완전 ❺ **감동**이야!

12 〈보기〉의 설명을 읽고, 해당하는 품사의 이름을 쓰세요.

> ▬ 보기 ▬
>
> • 사람이나 사물 등의 상태나 성질을 나타내는 단어이다.
>
> • 예) 어렵다, 예쁘다, 재미있다, 맛있다, 우물하다

(   )

13 밑줄 친 단어 중 동사를 고르세요.

> 형준: 어제 영화 ① **재미있었어?**
>
> 윤성: 아니, 그 영화 완전 ② **지루했어.** 내 옆 사람은 ③ **잤어.**
>
> 형준: 그 정도로 ④ **따분해?**
>
> 윤성: 응. ⑤ **지겨웠어.**

14 빈칸에 알맞은 부사를 넣어 문장을 완성하세요.

> 지민: 재희야, 이 책 읽어 봤어?
>
> 재희: 그 책 _____ 재미있어. 꼭 읽어 봐!

15 〈보기〉의 조사를 사용하여 밑줄 친 부분을 고쳐 쓰세요.

보기

까지   만   께

1) **오늘이** 숙제를 끝내야 해. ⟶ (   )

2) 그 편지를 **선생님에서** 가져다드리렴. ⟶ (   )

3) 이 과자는 **나를** 몰래 먹으라고 준 거야. ⟶ (   )

2단원

문장

주어 홑문장
높임 표현

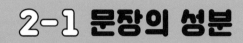

주어　서술어　목적어　보어

관형어　부사어　독립어

옆의 그림처럼 "다쳤어!"라고만 말하면 무슨 상황이고, 또 어떤 뜻을 전달하는지
잘 모르겠죠? '누가', '어디를' 다쳤는지 말하지 않았기 때문이에요. 그러니까
"다쳤어!"가 아니라 "제비가 다리를 다쳤어!"라고 해야 상대방이 이해하기 쉬워요.
이렇게 완결된 내용을 전달할 수 있는 최소의 단위를 <u>문장</u>이라고 해요.
문장에는 꼭 필요한 주성분이 있고 주성분을 꾸며 뜻을 더하는 부속 성분,
다른 성분과 관련이 없는 독립 성분이 있답니다.
이번 소단원에서는 문장을 이루고 있는 성분을 하나씩 살펴보아요.

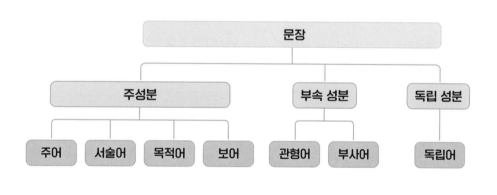

① 주어

 주어란? 문장에서 동작, 상태, 성질의 주체가 되는 문장 성분 (누가, 무엇이)

누군가의 어릴 때 사진인가 봐요. 추운 겨울날, 꼬마가 커다란 눈사람을 만들었네요. 우리는 사진을 통해 꼬마가 눈사람을 만들었고, 바람이 쌩쌩 불어서 나뭇가지가 흔들렸다는 걸 알 수 있어요.

하지만 이 사진을 보지 않고 '눈사람을 만들었다. 흔들렸다.'라는 설명만 듣는다면, 어떤 상황인지 알 수 있을까요? 아마 정확히 떠올릴 수 없을 거예요. 누가 눈사람을 만들었는지, 무엇이 흔들렸는지 알 수 없으니까요.

이처럼 '누가, 무엇이'에 해당하는 말은 중요해요. 우리는 '누가, 무엇이'와 같이 **문장에서 동작, 상태, 성질의 주체가 되는 문장 성분을** 주어라고 해요. 주어는 완벽한 문장을 만들기 위해서 꼭 필요한 **주성분**이랍니다. 하지만 앞뒤 문장이나 상황을 통해 주어가 무엇인지 알 수 있을 때는 생략하기도 해요.

이제 주어를 배웠으니 주어를 밝혀서 위 사진을 정확한 문장으로 나타내 볼까요?

> ㉠ 꼬마는 눈사람을 만들었다.　㉡ 바람에 나뭇가지가 흔들렸다.

눈사람을 만들었던 주체는 '꼬마는'이고, 바람에 흔들렸던 주체는 '나뭇가지가'예요. 당연히 ㉠, ㉡의 주어는 각각 '꼬마는', '나뭇가지가'이죠.

사실 주어를 쉽게 찾는 방법이 있어요. 바로 조사를 찾는 거예요. 주어에는 주로 주어 역할을 나타내는 조사 '이/가, 께서, 은/는' 등이 붙기 때문에 문장에서 쉽게 찾을 수 있어요. 단, '바람 분다!'처럼 조사가 붙지 않을 때도 있으니 주의해야 돼요.

1 주어의 특징이 <u>아닌</u> 것을 고르세요.

① 문장에서 동작, 상태, 성질의 주체가 되는 문장 성분이다.

② 주로 '이 / 가, 께서, 은 / 는' 등의 조사가 붙는다.

③ 문장의 주성분이기 때문에 절대 생략할 수 없다.

2 다음 문장에서 주어를 찾아 밑줄을 그으세요.

1) 영민이가 학교에 갑니다.

2) 무궁화꽃이 피었습니다.

3) 나는 물을 벌컥벌컥 마셨다.

4) 하늘이는 피아노를 잘 친다.

5) 잘 익은 고구마가 먹음직스러워 보인다.

3 다음 대화를 읽고, 주어가 생략된 문장을 고르세요.

> 엄마: ① 숙제 다 했니?
>
> 윤희: 그럼요. ② 제가 뭐 좀 도와드릴까요?
>
> 엄마: 그래. ③ 엄마가 밥을 풀게. ④ 너는 식탁을 닦아 주렴.
>
> 윤희: 네! ⑤ 그런데 아빠는 몇 시에 오세요?

② 서술어

서술어란? : 문장에서 주어의 동작, 상태, 성질을 풀이하는 문장 성분
(어찌하다, 어떠하다, 무엇이다)

스키장에서 우연히 오빠를 만나다니! 정말 신기한 일이에요. 세 명의 친구는 모두 놀라며 오빠의 움직임, 상태, 성질을 말하고 있어요.

이렇게 문장에서 주어의 움직임이나 상태, 성질을 풀이하는 말을 서술어라고 해요. 친구들이 사용한 서술어를 하나씩 살펴볼까요?

㉠ 스키를 잘 탄다.	타다 - 어찌하다(동사)
㉡ 저 사람 멋있다.	멋있다 - 어떠하다(형용사)
㉢ 저 사람 우리 오빠야!	오빠이다 - 무엇이다(명사+-이다)

서술어로 쓰이는 말은 주로 용언(동사, 형용사)과 '체언+-이다'예요. '어찌하다, 어떠하다, 무엇이다'를 설명하는 말들이죠. 서술어가 없으면 주어가 어떠한 행동을 하고, 어떠한 상태에 있는지 알 수 없으므로 문장에 꼭 필요해요. 따라서 서술어도 주성분이에요. 하지만 말하는 사람과 듣는 사람이 모두 서술어를 알고 있을 때는 생략할 수도 있어요.

서술어는 보통 문장의 끝에 오지만, 서술어를 강조하고 싶을 때는 위치를 바꾸기도 해요.

예 저 사람,   빠르다!   →   빠르다,   저 사람!

     주어   서술어   서술어   주어

1 〈보기〉의 말을 사용하여 문장을 완성하세요.

보기

용언   서술어   생략

1) 문장에서 주어의 동작, 상태, 성질을 풀이하는 문장 성분을 _____ (이)라고 한다.

2) _____와/과 '체언+ - 이다'는 서술어가 될 수 있다.

3) 말하는 사람과 듣는 사람 모두 서술어를 알 때는 _____ 할 수 있다.

2 다음 문장에서 서술어를 찾아 밑줄을 그으세요.

1) 말이 힘차게 달린다.

2) 엄청 푸르다, 하늘이!

3) 그 가수는 노래를 잘 부른다.

4) 인혜는 초등학생이다.

5) 도영이가 밥을 맛있게 먹는다.

3 괄호 안에 도움말을 보고, 빈칸에 들어갈 알맞은 말을 〈보기〉에서 찾아 쓰세요.

보기

읽는다   크다   선생님이다

1) 이모의 직업은 _____ . (무엇이다)

2) 공룡의 발바닥은 엄청 _____ . (어떠하다)

3) 진영이가 도서관에서 책을 _____ . (어찌하다)

③ 목적어

목적어란? : 문장에서 동작이나 행위의 대상이 되는 문장 성분 (누구를, 무엇을)

한 친구가 만두를 먹느라 약속 시간에 한참 늦었나 봐요. 그 이유도 모르고 오랫동안 기다린 친구는 화가 잔뜩 나 버렸어요. 그래도 친구들이 왜 화가 났고, 왜 늦었는지 완전한 문장으로 말해서 다행이에요. 잘못된 문장은 오해를 만들 수도 있으니까요.

자, 그럼 친구들의 대화를 통해 완전한 문장에 필요한 성분을 하나 더 살펴볼까요?

㉠ 내가 <u>너를</u> 얼마나 기다렸다고!	너를 - 누구를
㉡ 할머니께서 <u>만두를</u> 쪄 주셔서….	만두를 - 무엇을

㉠의 '너를', ㉡의 '만두를'처럼 서술어가 나타내는 **동작이나 행위의 대상이 되는 문장 성분**을 목적어라고 해요. 문장에서 '너를'과 '만두를'을 빼면 '누구를' 기다렸는지, 할머니가 '무엇을' 쪄 주셨는지 알 수 없어요. 그래서 목적어도 문장에 꼭 필요한 **주성분**이랍니다.

목적어는 주로 체언 뒤에 조사 '을, 를'을 붙여서 써요. 하지만 "난 고기만두만 좋아해."처럼 특별한 뜻을 더하는 '도, 만, 은'과 같은 조사가 붙기도 하고, "너 고기만두 좋아해?"처럼 조사가 생략되기도 해요.

목적어는 보통 서술어 앞에 위치하지만, 목적어를 강조하고 싶을 때는 문장의 맨 앞에 쓰기도 해요.

㉨	내가	너를	불렀어.	→	너를	내가	불렀어.
	주어	목적어	서술어		목적어	주어	서술어

1 목적어의 특징이 <u>아닌</u> 것을 고르세요.

① 서술어가 나타내는 동작이나 행위의 대상이 되는 문장 성분이다.

② 주로 체언 뒤에 조사 '은/는, 이/가'를 붙여서 쓴다.

③ 문장에 꼭 필요한 주성분이다.

2 다음 문장에서 목적어를 찾아 밑줄을 그으세요.

1) 태희는 햄버거를 먹었다.

2) 할아버지께서 안경을 쓰셨다.

3) 오늘은 마트에서 빵만 사야겠다.

4) 어머니께서 생선을 구우셨다.

5) 동생이 어제 산 과자를 먹고 있다.

3 다음 문장을 읽고, 빈칸에 들어갈 알맞은 말을 고르세요.

1) 우리 가족은 ＿＿＿ 보러 갔다.
    ① 바다는   ② 바다를

2) 언니는 어제 산 ＿＿＿ 신었다.
    ① 신발을   ② 신발은

3) 나는 딸기를 좋아하지만 ＿＿＿ 안 좋아한다.
    ① 딸기 우유는   ② 딸기 우유가

4) 영민이는 밥을 먹고 ＿＿＿ 마셨다.
    ① 핫초코는   ② 핫초코를

5) 누나가 동생에게 ＿＿＿ 주었다.
    ① 선물을   ② 선물이

④ 보어

보어란? : 서술어 '되다, 아니다' 앞에서 뜻을 보충하는 문장 성분

여러분은 월요일을 좋아하나요? 그림 속 두 친구는 월요일이 싫은지 속상해 하고 있어요. 만약 다가오는 날이 월요일이 아니라 토요일이었으면 무척 좋아했을 텐데 말이죠.

🔵 내일은 <u>주말이</u> 아니라니!

🕐 우리가 <u>어른이</u> 되면 월요일을 좋아할까?

그런데 친구들의 대화에서 '주말이'와 '어른이'를 빼면, 문장이 어딘가 허전하지 않나요? 그건 '무엇이' 아니고, '무엇이' 되었는지 설명하는 말이 문장에 필요하기 때문이에요.

이처럼 서술어 '되다, 아니다' 앞에서 뜻을 보충하는 말을 보어라고 해요. 보어가 없으면 서술어 '되다, 아니다'가 충분히 설명되지 않기 때문에 보어는 꼭 있어야 하는 <u>주성분</u>이에요. 이때 보어는 조사 '이/가'가 붙어서 주어처럼 보일 수 있으니 주의해야 해요.

1 다음 문장을 읽고 맞으면 ○표, 틀리면 ✕표 하세요.

1) 보어는 서술어 '되다, 아니다' 앞에서 뜻을 보충하는 문장 성분이다. ( )

2) 보어는 서술어의 뜻을 보충하기 때문에 문장의 부속 성분이다. ( )

3) 보어에는 주어처럼 조사 '이/가'가 붙는다. ( )

2 다음 문장에서 보어를 찾아 밑줄을 그으세요.

1) 우리는 어른이 아니잖아.   2) 나무 그늘은 놀이터가 되었다.

3) 내 친구 마이크는 한국인이 아니다.   4) 번데기는 나비가 되었다.

5) 오늘 나는 청소 당번이 아니다.

3 밑줄 친 부분이 주어이면 '주', 보어이면 '보'를 쓰세요.

1) 우리 집은 **주택이** 아니라 아파트다. ( )

2) 올챙이는 **개구리가** 되었다. ( )

3) **입술이** 파란색으로 변했다. ( )

4) **영석이가** 정훈이의 가방을 들었다. ( )

5) 영희는 **변호사가** 되었다. ( )

⑤ 관형어

관형어란? ⋮ 문장에서 체언을 꾸며 주는 문장 성분 (어떤, 누구의, 무엇의)

빨간 모자가 할머니를 보고 뭔가 이상한 걸 느꼈나 봐요. 할머니의 귀와 눈이 늑대처럼 엄청나게 커졌으니까요. 빨간 모자가 할머니로 변장한 늑대에게 뭐라고 했는지 다시 한번 볼까요?

위의 문장을 보면 귀와 눈을 꾸며 주는 말들이 있어요. '할머니의, 이, 큰'이죠. 이처럼 **문장에서 체언을 꾸며 주는 문장 성분을 관형어**라고 해요. 관형어는 부속 성분이어서 관형어가 없어도 문장은 이루어져요. 하지만 주성분만으로 말하고자 하는 대상을 정확히 표현하기가 어려울 때는 관형어를 써 주면 좋아요.

관형어의 형태에는 세 가지가 있어요. 먼저 ㉠에서 체언 '할머니'가 조사 '의'와 만나 체언 '귀'를 꾸며 주고 있죠? 이처럼 체언에 조사 '의'가 합해진 형태는 관형어로 쓰여요.

또 ㉡에서는 관형사 '이'가 체언 '눈'을 꾸며 주는 걸 알 수 있어요. 관형사는 체언을 꾸며 주기 때문에 관형어에 해당해요.

마지막으로 ㉢를 보면, 형용사 '크다'의 어간 '크-'가 어미 '-ㄴ'과 만나 체언 '눈'을 꾸며 주고 있어요. 용언의 어간과 어미가 만나 관형어의 역할을 하는 거죠.

1 바른 설명이 되도록 알맞은 말에 ○표 하세요.

1) 문장에서 체언을 꾸며 주는 문장 성분을 목적어 / 서술어 / 관형어 라고 한다.

2) 관형어를 빼도 문장은 이루어지므로 관형어는 주성분 / 부속 성분 이다.

3) 관형사 / 부사 는 문장에서 관형어의 역할을 한다.

2 밑줄 친 관형사가 꾸며 주는 말에 ○표 하세요.

1) 우리는 **새** 책을 받았다.

2) 윤후는 **선생님의** 심부름을 했다.

3) '섬집 아기'는 자주 **듣는** 노래이다.

4) 나는 **먹던** 사과를 내려놓았다.

5) **저** 집은 칼국수가 맛있다.

3 〈보기〉를 참고하여 밑줄 친 관형어의 형태를 기호로 쓰세요.

보기

ㄱ 관형사   ㄴ 체언+조사 '의'   ㄷ 용언의 어간+어미 '-ㄴ/-는/-던/-ㄹ'

1) **세탁할** 옷이 있으면 줄래?   (   )

2) **이** 무지개떡은 정말 맛있어!   (   )

3) 나는 **엄마의** 말씀을 듣고 방을 청소했다.   (   )

⑥ 부사어

부사어란? : 문장에서 용언이나 수식언, 문장 전체를 꾸며 주는 문장 성분
(얼마나, 어떻게, 어디서)

여러분도 눈을 좋아하나요? 그럼 눈이 얼마나 오는 게 좋아요? 조금, 많이? 아니면 어떻게 내리는 게 좋나요? 소복소복, 펑펑? 대답하면서 느꼈겠지만, 문장에 '얼마나, 어떻게'를 나타내는 말을 넣어 주면 내용을 더 자세히 표현할 수 있어요. 이처럼 '얼마나, 어떻게' 그리고 '어디서'를 뜻하는 말로, **문장에서 용언이나 수식언, 문장 전체를 꾸며 주는 문장 성분**을 부사어라고 해요.

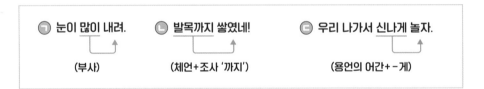

위 문장에서 '많이, 발목까지, 신나게'는 각각 '내려, 쌓였네, 놀자'를 꾸며 줘요. 부사어 역시 **부속 성분**이어서 문장에 꼭 있을 필요는 없어요. 하지만 무언가 자세히 설명할 때는 부사어가 있으면 좋아요.

부사어도 여러 형태를 가지고 있어요. 먼저 ㉠에서 부사 '많이'가 용언 '내려'를 꾸며 주는 걸 알 수 있어요. 부사는 주로 용언을 꾸미고, 또 다른 부사와 문장 전체를 꾸며 주기 때문에 부사어로 활용돼요. 그리고 부사에는 '그리고, 그래서, 하지만' 등과 같이 두 문장을 이어 주는 **접속 부사**가 있어요. 이 접속 부사들도 부사어에 해당한답니다.

또 체언에 조사를 합해 부사어로 쓰기도 해요. ㉡에서 체언 '발목'과 조사 '까지'가 합해 용언 '쌓였네'를 꾸민 것처럼요.

마지막으로 ㉢를 보면, 용언의 어간 '신나-'가 어미 '-게'를 만나 용언 '놀자'를 꾸며 주고 있어요. **용언의 어간과 어미를 합해서 부사어로 쓸 수 있는 거죠.**

1 다음 문장을 읽고 맞으면 ○표, 틀리면 ✕표 하세요.

1) 부사어는 문장에서 체언을 꾸며 준다. ( )

2) 부사어를 빼도 문장은 이루어진다. ( )

3) 부사어는 문장에서 '얼마나, 어떻게, 어디서'에 해당한다. ( )

2 밑줄 친 부사어가 꾸며 주는 말에 ○표 하세요.

1) 엄마, **빨리** 밥 주세요.

2) 정후는 **느리게** 걸었다.

3) 우리 선생님은 **서울에서** 오셨다.

4) 나는 너를 **친구로** 생각해.

5) 더러운 방을 **깨끗이** 치웠다.

3 〈보기〉를 참고하여 밑줄 친 부사어의 형태를 기호로 쓰세요.

> **보기**
>
> ㉠ 부사   ㉡ 체언＋조사 '에서, 으로/로, 와/과, 까지'
> ㉢ 용언의 어간＋어미 '-게, -아서/어서, -이, -도록'

1) 석민이는 춤을 **잘** 춘다. ( )

2) 형은 햄을 **요리해서** 먹었다. ( )

3) 주희는 **흙으로** 그릇을 만들었다. ( )

⑦ 독립어

독립어란? 문장의 다른 성분과 밀접한 관계없이 독립적으로 쓰는 문장 성분
(감탄, 대답, 부름)

영훈이가 혜윤이를 만나 반가웠나 봐요. '혜윤아!'하고 환하게 부른 걸 보면요. 마찬가지로 혜윤이도 영훈이와 배드민턴을 칠 생각에 '우와'하고 감탄사를 내뱉었네요.

사실 '혜윤아, 우와' 같은 말이 없어도 문장은 어색하지 않아요. 게다가 이 말들은 다른 말들과 특별한 관계도 없답니다. 이처럼 문장의 다른 성분과 밀접한 관계없이 독립적으로 쓰는 문장 성분을 독립어라고 해요. 독립적으로 쓰이는 만큼 주성분과 부속 성분에 속하지 않는 독립 성분이에요.

독립어는 보통 '우와, 아차' 같은 감탄이나 '응, 네'와 같은 대답의 말에서 찾을 수 있어요. 이 외에도 체언인 '엄마!', 체언과 조사가 합쳐진 '혜윤아!'처럼 누군가를 부르는 말 역시 독립어에 포함돼요.

독립어 뒤에는 주로 반점(,)이 쓰이고, 느낌을 강조할 때는 느낌표(!)가 붙어서 문장에서 쉽게 찾을 수 있답니다.

1 다음 문장을 읽고 맞으면 ○표, 틀리면 ✕표 하세요.

1) 독립어는 문장 안에서 다른 성분과 밀접한 관계를 맺지 않는다.   (   )

2) 독립어는 부속 성분 중 하나이다.   (   )

3) 감탄사는 독립어에 해당한다.   (   )

2 다음 문장에서 독립어를 찾아 밑줄을 그으세요.

1) 아이쿠! 깜짝 놀랐네.

2) 어휴, 이걸 언제 다 치우지.

3) 영희야, 엄마 도와줄 수 있니?

4) 응, 나도 정말 보고 싶었어.

5) 김철수! 내가 이거 만지지 말라고 했지!

3 〈보기〉를 참고하여 밑줄 친 독립어의 형태를 기호로 쓰세요.

> 보기
>
> ㉠ 감탄사   ㉡ 부름   ㉢ 대답

1) **우아!** 이 옷 엄청 멋있다!   (   )

2) **할멈**, 혹시 여기 두었던 신문 못 봤소?   (   )

3) **네**, 배고파요. 샌드위치 만들어 주세요.   (   )

종결 표현　　높임 표현　　시간 표현　　부정 표현

능동·피동 표현　　주동·사동 표현　　문장의 호응

두 친구의 대화가 조금 이상하죠? 그건 '내일'과 '했어'라는 표현이 어울리지 않고,

어쩔 수 없이 무언가 할 수 없는 상황에서는 '안'이 아니라 '못'을 써야 하기 때문이에요.

두 친구의 말을 제대로 전달하려면 '내일 뭐 할 거야?', '팔을 다쳐서 야구 못 해.'로

고쳐야 해요.

이렇게 우리말은 한 끗 차이로 어색하거나 의미가 통하지 않는 문장이 되기도 하고,

문장의 뜻이 변해 말하는 이의 의도를 잘못 전달할 수 있어요. 그러니까 문장을

제대로 써야겠죠?

문장을 정확하게 쓰려면 종결 표현, 높임 표현, 시간 표현, 부정 표현, 능동과 피동 표

현, 주동과 사동 표현, 문장의 호응을 잘 알아야 해요.

이번 소단원에서는 문장의 다양한 표현들, 즉 문법 요소에 대해 알아보아요.

문장이란 말과 글을 이루는 기본 단위로, 하나의 완결된 뜻을 나타내요.
이때 문장을 바르게 완성하는 방법을 알면 생각과 감정을 더 정확하게
전달할 수 있어요.

① 종결 표현

종결 표현이란? ⋮ 문장을 끝내는 데 쓰이는 표현

> 으으, 배가 아파.

> 깜짝

> 많이 아프구나!
> 선생님께 말씀드릴까?
> 같이 보건실에 가자.

한 친구가 배가 너무 아픈가 봐요. 얼른 선생님께 말씀드리고 보건실로 가야겠어요. 그런데 친구들의 대화를 보면 느낌이 다르지 않나요? 배가 아픈 친구의 말은 단순히 배가 아픈 사실을 전하지만, 다른 친구의 말에서는 놀람, 걱정 등의 감정이 느껴져요. 그건 바로 종결 표현 때문이랍니다.

종결 표현이란 문장을 끝내는 데 쓰이는 표현을 말해요. 우리가 쓰는 문장은 어떻게 끝맺냐에 따라, 말하는 이의 의도에 따라 문장의 종류가 달라져요. 아래의 표로 자세히 알아보아요.

평서문	하고 싶은 말을 단순하게 전달하는 종결 표현이에요. 보통 '-다, -ㅂ니다, -아요/-어요, -아/-어' 등의 어미로 문장을 끝내고, 온점(.)을 써요. 예 배가 **아파**.
의문문	질문하여 대답을 요구하는 종결 표현이에요. 보통 '-니, -냐, -ㅂ니까, -아요/-어요' 등의 어미로 문장을 끝내고, 물음표(?)를 써요. 예 선생님께 **말씀드릴까**?
명령문	무엇을 시키거나 행동을 요구하는 종결 표현이에요. 보통 '-아/-어, -아라/-어라, -세요, -십시오' 등의 어미로 문장을 끝내요. 단, 명령문에서는 동사만 서술어로 쓸 수 있어요. 예 보건실로 **가라**.
청유문	어떤 행동을 함께하자고 제안하는 종결 표현이에요. 보통 '-자, -ㅂ시다' 등의 어미로 문장을 끝내요. 청유문 역시 동사만 서술어로 쓸 수 있어요. 예 같이 보건실에 **가자**.
감탄문	느낌과 감정을 강하게 나타내는 종결 표현이에요. 보통 '-군, -구나, -군요, -아라/-어라' 등의 어미로 문장을 끝내고, 느낌표(!)를 써요. 예 많이 **아프구나**!

아하!

때로 평서문이나 청유문, 의문문도 명령의 기능을 해요.

예 빨리 해. (평서문) / 문 좀 닫고 다닙시다. (청유문) / 조금만 조용히 해 주실래요? (의문문)

1 다음 상황에 맞는 종결 표현을 〈보기〉에서 찾아 쓰세요.

보기

의문문   평서문   명령문

1) 질문하여 대답을 요구하고 싶을 때   (   )

2) 무엇을 시키거나 행동을 요구하고 싶을 때   (   )

3) 자신의 생각이나 사실을 단순하게 전달하고 싶을 때   (   )

2 다음 문장과 그에 맞는 종결 표현을 알맞게 연결하세요.

1) 자리에 앉으세요.   •   • ㄱ 감탄문

2) 같이 놀이터에 가자. •   • ㄴ 청유문

3) 벌써 밤이 되었구나! •   • ㄷ 명령문

3 다음 문장을 주어진 조건에 맞게 쓰세요.

밥을 든든하게 먹는다.

1)	명령문	→
2)	의문문	→
3)	감탄문	→

② 높임 표현

높임 표현이란? 말하는 사람이 듣는 사람이나 어떤 대상의 높고 낮은 정도에 따라 언어적으로 구별하여 표현하는 방법

친구들이 참 예의가 바른 것 같아요. 왜냐구요? 어머니께 높임 표현을 잘 사용했기 때문이에요. **높임 표현**이란 말하는 사람이 듣는 사람이나 어떤 대상의 높고 낮은 정도에 따라 언어적으로 구별하여 표현하는 방법을 말해요. 우리말의 높임 표현에는 상대 높임법, 주체 높임법, 객체 높임법이 있어요. 아래의 표로 자세히 알아보아요.

상대 높임법	**말을 듣는 사람을 높이거나 낮춰서 표현하는 방법**이에요. 나보다 나이가 많거나 지위가 높은 사람이면 '-ㅂ시오, -오/요' 등을 붙여 높이고, 나보다 어리거나 지위가 낮은 사람이면 '-어라, -어' 등을 붙여 낮추어요. 예 어머니, 집에 언제 **오세요?** (높임) 　　동생아, 집에 언제 **와?** (낮춤)
주체 높임법	**행동의 주체인 문장의 주어를 높여서 표현하는 방법**이에요. 말하는 사람보다 나이가 많거나 지위가 높을 때 써요. 주체를 높이려면 주어에 '께서'를 붙이고, 서술어에 높임의 뜻을 지닌 '-시-'를 넣어 표현하면 돼요. '연세, 편찮으시다, 진지, 드시다'와 같은 특수한 단어를 써서 주어를 높이기도 해요. 예 어머니**께서** 4시에 **오신대?**
객체 높임법	**문장의 목적어나 부사어가 지시하는 대상, 즉 서술의 객체를 높여서 표현하는 방법**이에요. 객체는 주어의 행위가 미치는 대상이에요. 객체를 높일 때는 '드리다, 뵈다, 여쭈다'와 같은 특수한 단어를 사용하고, 부사어에는 '께'를 붙여요. 예 어머니**께** 깨끗한 집을 **보여드리자.**

1 〈보기〉처럼 문장에서 높임의 대상을 찾아 ○표 하세요.

보기

⟨어머니⟩께서 매우 편찮으시다.

1) 할머니, 진지 드세요.

2) 나는 삼촌께 여쭈었다.

3) 아버지께서 신문을 읽고 계신다.

2 다음 문장과 그에 맞는 높임 표현을 연결하세요.

1) 아버지, 어디 가세요?　•

2) 할머니께서 오셨다.　•

3) 나는 선생님을 뵈었다.　•

ㄱ 객체 높임법

ㄴ 상대 높임법

ㄷ 주체 높임법

3 밑줄 친 말을 높임 표현에 맞게 고쳐 쓰세요.

1) 교장 선생님께서 교실에 **왔다.**　⟶　(　　　　　　　　)

2) 도희는 외숙모께 편지를 **주었다.**　⟶　(　　　　　　　　)

3) 할아버지, **나이**가 어떻게 되세요?　⟶　(　　　　　　　　)

③ 시간 표현

시간 표현이란?   어떤 사건이 일어난 때를 나타내는 표현

이런, 두 친구 모두 숙제를 까맣게 잊고 안 했나 봐요. 그래도 한 친구는 지금이라도 열심히 하는 중이라서 다행이에요. 앞으로는 둘 다 미리미리 숙제를 잘하겠죠?

그런데 혹시 제가 한 말에서 시간의 차이를 느꼈나요? 숙제를 '안 했다, 하는 중이다, 잘하겠죠'로 과거, 현재 그리고 미래를 표현했거든요. 이처럼 **시간을 과거, 현재, 미래로 구분하여 어떤 사건이 일어난 때를 나타내는 표현**을 시간 표현이라고 해요.

먼저 과거는 "숙제했어?"와 같이 이미 있었던 일을 나타내는 표현이에요. '하다'라는 동사가 '했다'로 바뀐 것처럼 주로 서술어에 '-았-/-었-, -던' 등의 어미를 붙여요. 그리고 '이미, 어제, 지난밤'과 같이 지나간 시간을 나타내는 말과 함께 쓰이기도 해요.

현재는 "지금 하는 중이야."처럼 지금 일어나는 일을 나타내는 표현이에요. '하다'라는 동사가 '하는'으로 바뀐 것처럼 주로 '-ㄴ/-는', '-ㄴ-/-는-' 등의 어미를 붙여요. 또 '지금, 현재, 요즈음'과 같이 시간을 나타내는 말과 함께 쓰이기도 해요. 그런데 '숙제가 엄청 많다!'처럼 서술어로 형용사가 쓰일 때는 형용사의 기본형을 그대로 사용한답니다.

마지막으로 미래는 '이제 할 거야.'처럼 앞으로 일어날 일을 나타내는 표현이에요. '하다'라는 동사가 '할 것이다.'로 바뀐 것처럼 서술어에 '-ㄹ/-을, -ㄹ/을 것, -겠-' 등의 어미를 붙여요. '곧, 내일, 내년' 등 다가올 시간을 나타내는 말이 함께 오기도 해요.

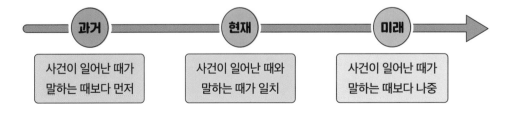

과거	현재	미래
사건이 일어난 때가 말하는 때보다 먼저	사건이 일어난 때와 말하는 때가 일치	사건이 일어난 때가 말하는 때보다 나중

1 〈보기〉의 단어를 과거, 현재, 미래 표현으로 구분하여 쓰세요.

보기

훗날   지금   아까   어제   곧

과거	현재	미래

2 다음 문장의 시간 표현이 과거이면 '과', 현재이면 '현', 미래이면 '미'를 쓰세요.

1) 지난 밤에 비가 엄청 많이 왔다.   (   )

2) 내일은 날씨가 정말 춥겠다.   (   )

3) 동생은 지금 소파에서 잠을 잔다.   (   )

3 밑줄 친 말을 시간 표현에 맞게 고쳐 쓰세요.

1) 나는 요즈음 매일 **운동할 것이다.**   ➞   (   )

2) 곧 택배가 **도착했다.**   ➞   (   )

3) 이미 기차가 **출발한다.**   ➞   (   )

④ 부정 표현

한 친구는 다른 친구가 왜 재밌는 흔들다리를 안 건너는지 의아해하고 있어요. 무서워서 못 가는 건데 말이죠. 여기서 '안'과 '못'이라는 표현에 집중해 볼까요? 우리는 '안'과 '못'처럼 '그렇지 않음'을 나타내는 말로 문장 전체나 일부를 부정할 수 있어요. 이를 **부정 표현**이라고 해요.

'안'과 '못'은 둘 다 부정의 뜻을 지니지만 의지를 부정할 때는 '안', 능력을 부정할 때는 '못'을 써요.

의지 부정 (안)	단순히 그렇지 않거나 하기 싫음을 나타내는 부정 표현이에요. 능력은 있으나 하기 싫다는 느낌이 담겨 있어요. '안'을 붙여서 짧은 부정문을 만들 수 있고, '-지 않다'를 사용해 긴 부정문으로도 만들 수 있어요. 📝 흔들다리로 **안** 간다. / 흔들다리로 가**지 않는다**.
능력 부정 (못)	할 수 없음을 나타내는 부정 표현이에요. 능력이 부족하거나 다른 사정으로 인해 할 수 없다는 느낌이 담겨 있어요. '못'을 붙여서 짧은 부정문을 만들 수 있고, '-지 못하다'를 사용해 긴 부정문으로도 만들 수 있어요. 📝 흔들다리로 **못** 간다. / 흔들다리로 가**지 못한다**.

한편 '흔들다리로 가지 마라.' 또는 '흔들다리로 가지 말자.'처럼 부정의 뜻을 지닌 명령문과 청유문은 '-지 말다'를 사용하여 표현해야 해요.

형용사를 부정할 때는 대체로 '안'을 사용해요.
📝 날씨가 안 덥다. (O) / 날씨가 못 덥다. (X)
　　건물이 안 높다. (O) / 건물이 못 높다. (X)

1 밑줄 친 부정 표현을 사용한 이유를 찾아 연결하세요.

1) 수학 문제가 어려워서 **못** 풀었다. ●   ● ㉠ 자신의 의지

2) 숙제를 하려고 게임을 하**지 않았다.** ●   ● ㉡ 외부의 원인

3) 태풍이 불어서 학원에 가**지 못했다.** ●   ● ㉢ 능력 부족

2 바른 문장이 되도록 알맞은 말에 ○표 하세요.

1) 정음이는 안경이 없으면 책을 못 / 안 읽는다.

2) 산이 높지 못해서 / 않아서 쉽게 오를 수 있었다.

3) 나는 거짓말을 못 / 안 하기로 결심했다.

3 〈보기〉와 같이 다음 문장을 주어진 조건에 맞게 부정 표현으로 바꿔 쓰세요.

> **보기**
>
> 수현이는 친구들과 축구를 했다. ('안' 사용)
> ➡ 수현이는 친구들과 축구를 안 했다.

1) 시간이 없어서 밥을 먹었다. ('–지 못하다' 사용)

   ➡ _____

2) 나는 가까운 친구에게 말을 함부로 한다. ('–지 않다' 사용)

   ➡ _____

3) 수업 시간에 핸드폰을 사용하자. ('–지 말다' 사용)

   ➡ _____

⑤ 능동·피동 표현

능동 표현이란?	:	주어가 자기 힘으로 행동하는 것을 나타내는 표현
피동 표현이란?	:	주어가 다른 주체에 의해 행동을 당하는 것을 나타내는 표현

술래인 친구가 계속해서 한 친구만 잡나 봐요. 그런데 같은 상황에서 두 친구의 말이 조금 달라요. 한 친구는 '잡았다'로, 다른 친구는 '잡혔다'라고 표현하고 있거든요. 왜 그런 걸까요?

그건 주어가 스스로 행동하는지, 행동을 당하는지에 따라 표현법이 다르기 때문이에요. '내가 친구를 잡았다.'와 같이 주어가 자기 힘으로 행동하는 것을 나타낼 때는 능동 표현을 써요. 그리고 '친구가 나에게 잡혔다.'와 같이 주어가 다른 주체에 의해 행동을 당하는 것을 나타낼 때는 피동 표현을 쓴답니다. 능동 표현을 쓰면 행동을 한 사람에게 초점을 맞출 수 있고, 반대로 피동 표현을 쓰면 행동을 당한 사람에게 초점을 맞출 수 있어요.

이때 피동 표현을 만드는 방법에는 여러 가지가 있어요. 아래의 표를 살펴볼까요?

① '-이-, -히-, -리-, -기-' 붙이기	예	문이 바람에 열리다. / 꼬마가 벌에 쏘이다.
② '-아/어지다' 붙이기	예	소원이 이루어지다.
③ '-되다' 붙이기	예	우리의 마음이 하나로 연결되다.
④ '-게 되다' 붙이기	예	진실이 드러나게 되다.

여러분도 한번 피동 표현을 이용해 문장을 만들어 보세요. 능동문을 피동문으로 바꾸는 연습도 좋아요. 그럼 어떤 대상을 강조하고 싶은지에 따라 능동 표현과 피동 표현을 적절히 사용할 수 있을 거예요.

아하! 능동문이 피동문으로 바뀔 때 문장 성분에 변화가 생겨요.

예 (능동 표현) 경찰이 ╳ 도둑을 잡다.
　　　　　주어　　　　목적어　　능동 서술어

　　(피동 표현) 도둑이 ← 경찰에게 잡혔다.
　　　　　주어　　　　부사어　　피동 서술어

1 〈보기〉의 말을 사용하여 문장을 완성하세요.

> 보기
>
> 피동 표현   능동 표현

1) ＿＿＿＿＿＿은 자기 힘으로 행동하는 것을 나타내는 표현이다.

2) ＿＿＿＿＿＿은 다른 주체에 의해 행동을 당하는 것을 나타내는 표현이다.

2 다음 문장이 능동문이면 '능', 피동문이면 '피'를 쓰세요.

1) 우리 가족은 이탈리아로 여행을 갔다.   (   )

2) 눈을 뜨니 커다란 곰 인형이 보였다.   (   )

3) 아기가 아빠 품에 안겼다.   (   )

4) 나는 모래와 흙, 자갈을 다 섞었다.   (   )

3 〈보기〉처럼 밑줄 친 능동 표현을 피동 표현으로 바꿔 쓰세요.

> 보기
>
> 고양이가 쥐를 쫓고 있다. ➡ 쥐가 고양이에게 쫓기고 있다.

1) 모기가 희원이를 **물었다.**   ➡   희원이가 모기에게 (   ).

2) 바람이 나뭇가지를 **꺾었다.**   ➡   나뭇가지가 바람에 (   ).

3) 태훈이가 지유의 발을 **밟았다.**   ➡   지유의 발이 태훈이에게 (   ).

⑥ 주동·사동 표현

주동 표현이란?	:	주어가 스스로 행동하는 것을 나타내는 표현
사동 표현이란?	:	주어가 남에게 행동하도록 시키는 것을 나타내는 표현

놀이공원에 놀러 온 꼬마가 울고 있어요. 피에로 아저씨가 꼬마 아이를 울린 걸까요? 이유가 무엇이든 꼬마가 울고 있는 상황은 변함이 없어요. 그런데 왜 '울고 있다', '울리다'라는 표현의 차이가 생긴 걸까요?

그건 행동을 직접 하는지, 남에게 행동을 시키는지에 따라 표현법이 다르기 때문이에요. '꼬마가 울고 있다.'와 같이 주어가 스스로 행동하는 것을 나타낼 때는 주동 표현을 써요. 그리고 '피에로 아저씨가 꼬마를 울렸다.'와 같이 주어가 남에게 행동하도록 시키는 것을 나타낼 때는 사동 표현을 쓴답니다. 주동 표현을 쓰면 스스로 행동하는 사람에게 초점을 맞출 수 있고, 반대로 사동 표현을 쓰면 남에게 행동을 시키는 사람에게 초점을 맞출 수 있어요.

그럼 사동 표현은 어떻게 만들까요? 아래의 표를 살펴보아요.

❶ '-이-, -히-, -리-, -가-, -우-, -구-, -추-' 붙이기	예 엄마가 아기를 재우다. / 현주가 문제를 맞히다.
❷ '-시키다' 붙이기	예 두 친구를 화해시키다.
❸ '-게 하다' 붙이기	예 형이 동생에게 옷을 입게 하다.

우리는 일상에서 다양한 사동 표현을 쓰고 있어요. 직접 사동 표현의 예시를 찾아보고, 다시 주동과 사동의 차이를 공부해 보세요. 그러면 헷갈리고 어려운 개념도 점차 이해될 거예요.

주동문이 사동문으로 변할 때 문장 성분에 변화가 생겨요.

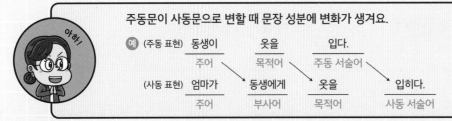

1 〈보기〉의 말을 사용하여 문장을 완성하세요.

> ───── 보기 ─────
>
> 주동 표현   사동 표현

1) _____ 은 스스로 행동하는 것을 나타내는 표현이다.

2) _____ 은 남에게 행동하도록 시키는 것을 나타내는 표현이다.

2 다음 문장이 주동문이면 '주', 사동문이면 '사'를 쓰세요.

1) 엄마가 아기에게 우유를 먹였다.   (   )

2) 공장의 매연은 공기를 오염시킨다.   (   )

3) 사슴이 사냥꾼을 피해 숨었다.   (   )

4) 가람이는 승희를 보고 웃었다.   (   )

3 〈보기〉처럼 밑줄 친 표현을 문맥에 맞게 사동 표현으로 고쳐 쓰세요.

> ───── 보기 ─────
>
> 나는 귀여운 강아지를 무릎에 <u>앉았다.</u> ➡ (앉혔다)

1) 지호가 친구에게 짐을 **맡았다.**   ➡   (   )

2) 뜨거운 햇볕이 얼음을 **녹았다.**   ➡   (   )

3) 윤아는 지구본을 쌩쌩 **돌았다.**   ➡   (   )

⑦ 문장의 호응

문장의 호응이란? : 밀접한 관계를 가진 말들을 어울리게 연결하여 바른 문장으로 만드는 것

두 친구가 한 말이 자연스럽지 않죠? 문장의 호응이 바르지 않아서 그래요. **문장의 호응**이란 밀접한 관계를 가진 말들을 어울리게 연결하여 바른 문장으로 만드는 것을 말해요. 그럼 친구들이 한 말을 문장의 호응에 맞게 고쳐 볼까요?

ⓐ 비가 붙다. 〔✕〕 → 비가 내리다.〔○〕	주어와 서술어는 호응을 이루어야 해요. ⓐ의 주어는 '비가'이니까 서술어로 '내리다'를 써야 하죠.
ⓑ 김밥을 마시다. 〔✕〕 → 김밥을 먹다. 〔○〕	목적어와 서술어도 호응을 이루어야 해요. ⓑ에서 목적어는 '김밥'인데, 김밥은 마시는 게 아니라 먹는 것이니 '먹다'로 고쳐야 해요.
ⓒ 여간 배부르다! 〔✕〕 → 여간 배부른 게 아니다! 〔○〕	부사어와 서술어 사이의 호응도 중요해요. ⓒ의 '여간'은 '배부른 게 아니다'처럼 부정의 말과 함께 쓰여야 해요. 일부 부사어는 특정한 서술어와 써야 하기 때문에 어울리는 표현을 짝지어 잘 알아두면 좋아요.

왜냐하면~때문이다	예 배가 부르다. **왜냐하면** 고기를 많이 먹었기 **때문이다**.
비록~ㄹ지라도〔~지만〕	예 내가 **비록** 키는 작지만, 달리기는 잘한다.
전혀~않다	예 나는 **전혀** 슬프지 **않다**.
만약~라면	예 **만약** 내가 새**라면**, 훨훨 날아다닐 거야.
아마~ㄹ것이다	예 **아마** 내 동생은 지금 자고 있을 **것이다**.

그 외에도 문장의 호응을 이루려면 필요한 성분을 빠뜨려서도 안 되고, 앞에서 배운 높임 표현, 시간 표현, 부정 표현 등을 알맞게 사용해야 한답니다.

이해했나요?

1 다음 빈칸에 공통으로 들어갈 단어를 쓰세요.

- 밀접한 관계를 가진 말들을 어울리게 연결하여 바른 문장을 만드는 것을 문장의 (　　　　)이라고 한다.
- 부사어와 서술어 사이의 (　　　　)도 중요하다.

(　　　　　　　　　　　　　)

2 문장의 호응을 이루도록 빈칸에 들어갈 알맞은 말을 고르세요.

1) 나는 동생보다 키가 조금 더 _____ .　　　❶ 높다　　　❷ 크다

2) 길가에 핀 꽃들이 여간 _____ .　　　❶ 예쁘지 않다　　　❷ 예쁘다

3) 비록 시간이 _____ 책은 꼭 읽고 잔다.　　　❶ 없지만　　　❷ 없어서

4) 번개와 천둥이 _____ .　　　❶ 분다　　　❷ 친다

5) 지금쯤이면 아마 엄마는 요리를 _____ .　　　❶ 할 것이다　　　❷ 했다

3 문장의 호응을 생각하며 빈칸에 들어갈 알맞은 말을 〈보기〉에서 찾아 쓰세요.

> **보기**
>
> 왜냐하면　　　만약　　　전혀

1) 이번 방학에는 책을 _____ 읽지 않았다.

2) 수아는 기분이 좋았다. _____ 상을 받았기 때문이다.

3) _____ 비가 오면 이 우산을 쓰세요.

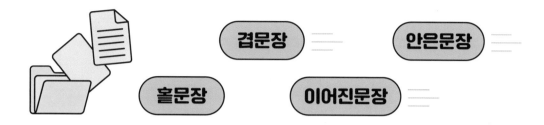

겹문장　　안은문장

홀문장　　이어진문장

두 친구의 대화는 평범해 보이지만, 알고 보면 문장의 구조가 다 달라요.

홀문장, 이어진문장, 안은문장이 한 번씩 쓰였거든요. 사실 문장은 **짜인 구조**에 따라

홀문장과 겹문장으로 나누고, 또 겹문장은 이어진문장과 안은문장으로 나누어요.

이번 소단원에서는 주어와 서술어의 관계가 한 번만 맺어지는 홀문장,

주어와 서술어의 관계가 두 번 이상 맺어지는 겹문장을 배울 거예요.

그리고 홀문장이 단순히 이어진 이어진문장과 한 문장이 다른 문장을 안고 있는

안은문장도 배워 보아요.

문장의 종류		예
홀문장		영화가 정말 재미있었어! 　주어　　　　　서술어
겹문장	이어진문장	줄거리가 재미있고, 등장인물도 모두 매력적이야. 　주어　　서술어　　　주어　　　　　서술어
	안은문장	여자 주인공이 눈이 부시게 예쁘더라. 　주어　　(주어 서술어) 서술어

① 홑문장

홑문장이란? : 주어와 서술어의 관계가 한 번만 맺어지는 문장

비가 너무 많이 와서 친구들이 곤란한 상황에 처했나 봐요. 그런데 친구들이 한 말을 한번 잘 살펴보세요. 자세히 살펴보면 공통점을 찾을 수 있어요. 조금 어렵다고요? 그럼 바로 설명해 줄게요.

공통점은 바로 주어와 서술어가 각각 하나씩만 있다는 거예요. 이처럼 **주어와 서술어의 관계가 한 번만 맺어지는 문장**을 홑문장이라고 해요.

홑문장은 주어와 서술어가 한 번만 나타나니까 보통 짧은 문장이라고 생각하기 쉬워요. 하지만 ㉠과 ㉢을 비교해 보면, 문장의 길이는 중요하지 않다는 걸 알 수 있죠. 홑문장이라고 문장이 무조건 짧은 건 아니니까 꼭 주어와 서술어가 하나씩만 있는지 확인해 주세요.

1 다음 문장을 읽고 맞으면 ○표, 틀리면 X표 하세요.

1) 주어와 서술어의 관계가 한 번만 맺어지는 문장을 홑문장이라고 한다. ( )

2) 홑문장은 무조건 문장의 길이가 짧다. ( )

3) 홑문장은 서술어가 두 개일 수 있다. ( )

2 〈보기〉처럼 홑문장의 주어에는 ○표, 서술어에는 □표 하세요.

보기

(나는) 서울에 | 산다. |

1) 어젯밤에 비가 계속 내렸다.

2) 아침 날씨가 많이 쌀쌀하다.

3) 귀여운 다람쥐가 겨울잠을 잔다.

4) 나는 어제 친구들과 놀이터에서 놀았다.

5) 드디어 태호는 야구 경기에서 이겼다.

3 다음 중 홑문장을 고르세요. (정답 2개)

① 우리 집 마당에 꽃이 피었다.　　　　② 지아는 길에서 고양이를 만났다.

③ 바람이 불고 비가 내린다.　　　　　　④ 나는 책을 읽고 독서록을 썼다.

⑤ 겨울이 오니 눈이 내리는구나.

② 겹문장

겹문장이란? : 주어와 서술어의 관계가 두 번 이상 맺어지는 문장

앞에서 본 그림과 같은 상황이지만 다른 점이 하나 있어요. 맞아요, 친구들이 한 말이 다르죠. 자세히 보면 문장 속 주어와 서술어의 개수도 다르답니다.

> ㉠ 비가 많이 오고, 바람도 세게 불어!
>   주어   서술어   주어   서술어

> ㉡ 새 옷이 비가 와서 다 젖었어!
>   주어   주어 서술어   서술어

홑문장은 주어와 서술어가 하나씩 있었는데, 이번에 나온 문장은 주어와 서술어가 둘씩 있어요. 이처럼 **주어와 서술어의 관계가 두 번 이상 맺어지는 문장을 겹문장**이라고 해요.

한편 겹문장은 문장들이 어떻게 합쳐지느냐에 따라 이어진문장과 안은문장으로 나누어요. '비가 많이 오다.'와 '바람이 세게 불다.'가 이어진 ㉠처럼 단순히 두 개 이상의 홑문장이 이어졌다면 이어진문장이라고 해요. '새 옷이 젖었다.' 안에 '비가 오다.'라는 문장이 들어가 있는 ㉡처럼 어떤 문장이 다른 문장 안에 들어가 있다면 안은문장이라 하고요.

우리말은 주어가 무엇인지 확실할 때는 주어가 생략되기도 해요.
그러니까 숨겨진 주어를 생각하고, 서술어의 개수를 살펴보는 게 중요해요.

이해했나요?

---

1 다음 문장을 읽고 맞으면 ○표, 틀리면 ×표 하세요.

1) 주어와 서술어의 관계가 두 번 이상 맺어지는 문장을 겹문장이라고 한다. ( )

2) 홑문장과 겹문장을 구분하기 위해서는 주어의 개수만 잘 확인하면 된다. ( )

3) 겹문장에는 이어진문장과 안은문장이 있다. ( )

2 〈보기〉처럼 겹문장의 주어에는 ○표, 서술어에는 □표 하세요.

> **보기**
>
> 서아는 너무 피곤해서 잠들었다.

1) 비가 오다가 그쳤다.

2) 동생은 형이 오기를 기다렸다.

3) 나는 친구가 선물한 딱지로 딱지치기했다.

4) 추석에 보름달이 뜨면 사람들은 소원을 빈다.

5) 지원이는 바나나를 좋아하고 태호는 파인애플을 좋아한다.

3 다음 문장이 홑문장이면 '홑', 겹문장이면 '겹'을 쓰세요.

1) 강아지는 간식을 먹어서 기분이 좋다. ( )

2) 엄마가 아이스크림을 사 주셨다. ( )

3) 나는 학교까지 걸어갔지만 형준이는 뛰어갔다. ( )

③ 이어진문장

이어진문장이란? : 둘 이상의 홑문장이 이어진 문장

음~ 무슨 맛 먹지?

음~ 어떤 맛을 고를까?
불고기 버거도 맛있고,
치킨 버거도 맛있는데!

치킨은 언제나 맛있으니까
나는 **치킨 버거를** 먹을래!

친구들이 맛있는 햄버거를 고르고 있네요. 친구들의 대화를 보니 저번에 배운 개념이 떠오르지 않나요? 그렇죠, 바로 겹문장이에요. 그중에서도 친구들의 대화는 둘 이상의 홑문장이 이어진 형태의 이어진문장이에요.

그런데 이어진문장은 또 대등하게 이어진 문장과 종속적으로 이어진 문장으로 나누어요. 친구들의 대화를 자세히 살펴볼까요?

㉠ 불고기 버거도 맛있고, 치킨 버거도 맛있는데!	= 치킨 버거도 맛있고, 불고기 버거도 맛있는데! [○]
주어　서술어　주어　서술어	

㉠은 '불고기 버거도 맛있다.'와 '치킨 버거도 맛있다.'라는 홑문장이 단순하게 이어져 있어요. 이 두 문장은 순서를 바꾸어도 의미에 변화가 없죠? 이렇게 앞뒤 문장의 의미 관계가 대등한 문장을 대등하게 이어진 문장이라고 해요.

㉡ 치킨은 언제나 맛있으니까 나는 치킨 버거를 먹을래!	≠ 나는 치킨 버거를 먹으니까 치킨은 언제나 맛있어! [×]
주어　서술어　주어　서술어	

㉡도 이어진문장으로 '치킨은 언제나 맛있다.'와 '나는 치킨 버거를 먹을래.'라는 홑문장끼리 이어져 있어요. 하지만 '치킨은 언제나 맛있다.'가 원인, '나는 치킨 버거를 먹을래.'가 결과이기 때문에 두 문장의 순서를 바꾸면 의미가 통하지 않아요. 이처럼 앞뒤 문장의 순서를 바꾸었을 때, 의미가 통하지 않거나 완전히 달라지는 문장을 종속적으로 이어진 문장이라고 한답니다.

1 다음 문장을 읽고 맞으면 ○표, 틀리면 ×표 하세요.

1) 둘 이상의 겹문장이 이어진 문장을 이어진문장이라고 한다. ( )

2) 대등하게 이어진 문장은 앞뒤 문장의 순서를 바꾸어도 의미에 변화가 없다. ( )

3) 종속적으로 이어진 문장은 앞뒤 문장의 순서를 바꾸면 의미가 통하지 않는다. ( )

2 〈보기〉처럼 이어진문장을 홑문장으로 나누세요.

> 보기
>
> 먹구름이 몰려들더니 / 비가 내렸다.

1) 단비가 내려서 산이 초록으로 물들었다.

2) 민지는 노래를 부르며 학교에 갔다.

3) 형원이는 공원에 도착했지만 지수는 오지 않았다.

3 〈보기〉의 문장을 대등하게 이어진 문장과 종속적으로 이어진 문장으로 구분하여 기호를 쓰세요.

> 보기
>
> ㉠ 바람이 불고 어둠이 내렸다.   ㉡ 지구의 온도가 계속 높아지면 북극곰은 사라진다.
>
> ㉢ 언니는 밥을 먹고 빵도 먹었다.   ㉣ 폭죽이 터져서 아기가 놀랐다.

대등하게 이어진 문장	종속적으로 이어진 문장

④ 안은문장

저런, 라면 때문에 두 친구가 곧 다툴지도 모르겠어요. 그런데 친구들의 대화를 보면 한 문장이 다른 문장 속에 쏙 들어가 있네요? 이처럼 한 문장이 다른 문장을 안고 있는 문장을 안은문장이라고 해요. 이때 문장 속에 들어가 하나의 문장 성분으로 쓰이는 문장을 안긴문장이라 하고, 그 문장을 안고 있는 문장을 안은문장이라고 해요. 여기서 '안긴문장'이 어떤 역할을 하는지에 따라 안은문장의 종류를 나눌 수 있어요. 다음 표를 함께 살펴볼게요.

명사절을 안은 문장	난 라면이 끓기를 기다리고 있어.	'라면이 끓다'라는 문장이 명사처럼 쓰여 목적어의 역할을 해요.
관형절을 안은 문장	이건 내가 좋아하는 〈맵다면〉 냄새잖아!	'내가 좋아하다'라는 문장이 체언 〈맵다면〉을 꾸며 관형어의 역할을 해요.
부사절을 안은 문장	라면이 곧 흔적도 없이 사라지겠군.	'흔적도 없다'라는 문장이 용언 '사라지다'를 꾸며 부사어의 역할을 해요.
서술절을 안은 문장	라면은 칼로리가 높아.	'칼로리가 높아'라는 문장이 서술어의 역할을 해요.
인용절을 안은 문장	내가 아까 "너 라면 먹을 거야?"라고 물었지?	'라면 먹을 거야?'라는 문장이 안겨 있어요.

안은문장은 종류도 많고 구분하기 헷갈릴 수 있어요. 하지만 앞에서 배운 문장의 성분과 품사를 다시 읽어 보면 조금 더 쉽게 이해할 수 있을 거예요.

'절'이란 주어와 서술어를 갖고 있지만 문장의 일부분으로 쓰이는 단위예요.

1 바른 설명이 되도록 알맞은 말에 ○표 하세요.

1) 겹문장 중에서 다른 문장을 안고 있는 문장을 안은문장 / 안긴문장 이라고 한다.

2) 문장 속에 들어가 하나의 문장 성분으로 쓰이는 문장을 안은문장 / 안긴문장 이라고 한다.

3) 절 / 구 이란 주어와 서술어를 갖고 있지만 문장의 일부분으로 쓰이는 단위이다.

2 〈보기〉처럼 안긴문장에 밑줄을 그으세요.

> 보기
>
> 엄마는 동생이 거짓말을 했음을 알고 있었다.

1) 토끼는 귀가 길다.　　2) 도둑이 소리도 없이 사라졌다.　　3) 농부들은 비가 오기를 기다렸다.

3 〈보기〉를 참고하여 다음 문장의 종류를 기호로 쓰세요.

> 보기
>
> ㉠ 명사절을 안은 문장　　㉡ 관형절을 안은 문장　　㉢ 부사절을 안은 문장
>
> ㉣ 서술절을 안은 문장　　㉤ 인용절을 안은 문장

1) 내 동생은 눈이 크다.　　　　　　　　　　　　　　　　　　（　　）

2) 민준이는 쉴 틈도 없이 달렸다.　　　　　　　　　　　　　（　　）

3) 친구들은 내가 노래를 부르기를 바란다.　　　　　　　　　（　　）

4) 나는 엄마가 만든 샌드위치를 좋아한다.　　　　　　　　　（　　）

5) 은서는 "고양이가 정말 귀엽다!"라고 말했다.　　　　　　（　　）

1 밑줄 친 말의 공통된 문장 성분을 고르세요.

> • <u>재희는</u> 이제 초등학교를 졸업한다.
>
> • <u>어머니께서</u> 마트에 가신다.

① 주어   ② 서술어   ③ 목적어   ④ 보어   ⑤ 관형어

2 빈칸에 서술어가 들어갈 문장을 고르세요.

① _____ 훌륭하다!   ② 나는 _____ 간다.

③ 말이 힘차게 _____ .   ④ 도영이는 _____ 먹는다.

⑤ 희진이는 _____ 요리한다.

3 다음 문장에서 목적어를 찾아 ○표 하세요.

> 해바라기는 뜨거운 태양을 닮았다.

4 다음 중 밑줄 친 말이 보어가 아닌 것을 고르세요.

① 이건 **거짓말이** 아니야.

② 누나는 **MVP가** 되었다.

③ 여긴 **우리 집이** 아니야.

④ **주영이가** 콩나물을 샀다.

⑤ 진형이가 **반장이** 되었다.

5 다음 문장에서 관형어를 모두 찾아 쓰세요. (정답 2개)

> 추운 겨울에는 따끈한 호빵이 생각난다.

(,   )

6 다음 문장에서 밑줄 친 부사어가 꾸며 주는 말을 고르세요.

> 첫째 세호는 엄마의 심부름을 <u>열심히</u> 했다.

① 첫째   ② 세호는   ③ 엄마의   ④ 심부름을   ⑤ 했다

7 다음 중 청유문을 고르세요.

① 여기 창문이 열려 있어요.

② 우리 같이 영화를 보러 가자.

③ 따사로운 햇볕이 참 좋구나!

④ 내일 놀러 갈 곳이 어디였지?

⑤ 지구를 위해 일회용품 사용을 줄여라.

8 밑줄 친 말이 올바른 높임 표현이 되도록 고쳐 쓰세요.

1) 아버지께서 **말했다.**   ⟶   (   )

2) 할아버지, 여기 **앉아.**   ⟶   (   )

3) 나는 선생님께 궁금한 점을 **물었다.**   ⟶   (   )

9 과거, 현재, 미래에 해당하는 문장을 각각 알맞게 연결하세요.

1) 과거 •   • ㉠ 이미 숙제를 다 끝냈다.

2) 현재 •   • ㉡ 내일 아침에는 비가 내리겠습니다.

3) 미래 •   • ㉢ 저는 요즈음 운동을 열심히 해요.

10 다음 부정 표현 중 어색한 것을 고르세요.

① 건물이 **못 높다.**

② 방이 **환하지 않다.**

③ 여기에 쓰레기를 버리면 **안 돼.**

④ 시간이 없어 밥을 **못 먹었다.**

⑤ 다리를 다쳐 경기를 뛰지 **못했다.**

11 〈보기〉의 문장을 주어진 조건에 맞게 바꿔 쓰세요.

보기

경찰이 범인을 잡았다.

[조건1] 주어가 다른 주체에 의해 움직임을 당하는 표현으로 바꾸세요.
[조건2] '-히-'를 사용하여 문장을 완성하세요.

➡ 범인이 _____

12 〈보기〉의 동사를 활용하여 사동문을 완성하세요.

보기

입다   자다

1) 이모는 아기를 _____.   2) 나는 강아지에게 옷을 _____.

13 다음 중 문장의 호응이 올바른 것을 고르세요.

① 아마 엄마는 공항에 도착했다.

② 내일은 비가 불고 바람이 내리겠습니다.

③ 나는 공원에서 김밥과 사이다를 마셨다.

④ 만약 내가 차가 있다고, 너를 역까지 데려다줄 텐데.

⑤ 비록 경기에서 졌지만, 최선을 다했기에 후회는 없다.

14 다음 중 홑문장이 아닌 것을 고르세요.

① 등에서 땀이 났다.

② 나는 버스를 탔다.

③ 지훈이는 교실 창문을 활짝 열었다.

④ 오빠는 라면과 오렌지를 샀다.

⑤ 나는 과일을 먹고, 친구는 주스를 마셨다.

15 다음 문장이 대등하게 이어진 문장이면 '대', 종속적으로 이어진 문장이면 '종'을 쓰세요.

1) 꼬리가 길면 밟힌다. ( )

2) 윗물이 맑아야 아랫물이 맑다. ( )

3) 낮말은 새가 듣고 밤말은 쥐가 듣는다. ( )

16 안긴문장의 종류를 〈보기〉에서 찾아 쓰세요.

보기
관형절	명사절	서술절	부사절

1) 기린은 **목이 길다.** ( )   2) 이것은 **내가 읽었던** 책이다. ( )

3) 나는 **엄마가 웃기**를 바랐다. ( )   4) 지희가 **땀이 나도록** 뛰었다. ( )

3단원

음운

음절 구개음화
자음 동화

3-1 음운과 음절

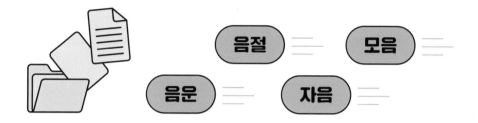

'검'과 '범'은 자음 하나가 다르고, '벌'과 '별'은 모음 하나가 달라요. 그 하나로 단어의 뜻도 완전히 달라진답니다.

바로 자음과 모음이 **말의 뜻을 구별해 주는** 음운이기 때문이에요.

그런데 자음과 모음 말고도 뜻을 구별하는 소리가 또 있어요. 궁금하죠?

아마 평소에는 말하면서 소리로 뜻을 구별한다는 걸 깊게 생각하지 못했을 거예요.

소리가 어디서 나는지, 소리를 어떻게 발음하는지도 생각할 기회가 없었을 거고요.

이번 소단원에서는 뜻을 구별해 주는 음운 외에도 음절, 자음, 모음에 대해 자세히

알아보고, 문자와 말의 신비함을 느껴 보아요.

① 음운

음운이란? : 말의 뜻을 구별해 주는 소리의 가장 작은 단위

물   불

우와! 친구가 낮에는 계곡물에서 놀고, 저녁에는 모닥불에 마시멜로를 구워 먹고 있네요. 그런데 물과 불은 'ㅁ'과 'ㅂ' 자음만 바뀌었을 뿐인데 완전히 다른 단어가 됐어요. 이렇게 **말의 뜻을 구별해 주는 소리의 가장 작은 단위**를 음운이라고 해요. 음운에는 자음 말고도 여러 가지가 있는데, 하나씩 살펴볼게요.

자음	[물: ㅁ+ㅜ+ㄹ] / [불: ㅂ+ㅜ+ㄹ]	자음에 따라 단어의 뜻이 달라져요.
모음	[강: ㄱ+ㅏ+ㅇ] / [공: ㄱ+ㅗ+ㅇ]	모음에 따라 단어의 뜻이 달라져요.
말소리의 길이	[말] / [말ː]	말소리의 길이에 따라 단어의 뜻이 달라져요.
말소리의 높낮이	아침 먹었어? [↗] / 아침 먹었어. [→]	말소리의 높낮이에 따라 말의 의도가 달라져요.

자음, 모음뿐만 아니라 말소리의 길이와 높낮이로도 뜻을 구별할 수 있다니 신기하죠? 그러니까 말의 뜻을 정확히 전달하려면 음운을 정확히 써야 해요.

1 다음 문장을 읽고 맞으면 ○표, 틀리면 ✕표 하세요.

1) 자음은 음운이다. ( )

2) 모음은 음운이 아니다. ( )

3) 말소리의 길이로는 뜻이 달라지지 않는다. ( )

2 〈보기〉처럼 단어의 뜻을 구별해 주는 음운을 찾아 쓰세요.

> 보기
>
> 날다 – 달다 ➡ (ㄴ , ㄷ)

1) (볼) – (발) ⟶ (,)

2) (가다) – (자다) ⟶ (,)

3) (각) – (강) ⟶ (,)

3 〈보기〉처럼 단어의 음운을 분석하여 쓰세요.

> 보기
>
> 나무 ➡ (ㄴ, ㅏ, ㅁ, ㅜ)

1) (포도) ⟶ ( )

2) (학교) ⟶ ( )

3) (국가) ⟶ ( )

② 음절

친구가 아빠랑 제주도에 가서 즐거운 추억을 만들고 왔네요. 그런데 일기장에 맞춤법 실수가 꽤 보여요. 아마 소리가 나는 대로 써서 그런가 봐요. 우리말은 발음할 때 나는 소리와 맞춤법이 다를 수 있거든요. 그래서 친구는 '산이 엄청 높았다'를 '사니 엄청 노파따'로 잘못 쓴 거예요.

이때 '사, 니, 엄, 청, 노, 파, 따'처럼 **발음할 때 한 번에 낼 수 있는 소리의 단위를 음절**이라고 해요. 소리가 나는 대로 적은 글자의 수를 세면 음절의 수를 알 수 있어요. 예를 들어 '산이 엄청 높았다'를 발음하면 [사니엄청노파따]로, 총 7음절 구성인 걸 알 수 있죠.

한편 음절에는 네 가지 형태가 있어요. 아래의 표를 한번 살펴볼까요?

모음	아, 오	각 모음이 한 번에 소리 나요. ➡ 모음만 있으면 글자의 모양이 갖추어지지 않아서 'ㅇ'을 붙여 써요.
모음+자음	♪♫ 🌡 [음: 으+ㅁ] / [열: 여+ㄹ]	모음과 자음이 합해 한 번에 소리 나요.
자음+모음	🐄 🚗 [소: ㅅ+ㅗ] / [차: ㅊ+ㅏ]	자음과 모음이 합해 한 번에 소리 나요.
자음+모음+자음	⛰ 💰 [산: ㅅ+ㅏ+ㄴ] / [돈: ㄷ+ㅗ+ㄴ]	자음과 모음, 또 자음이 합해 한 번에 소리 나요.

잘 보면 음절에 모음이 하나씩 들어가 있어요. 음절을 만들려면 모음이 꼭 필요하기 때문이에요. 그래서 음절의 수는 모음의 수와도 같답니다.

1 바른 설명이 되도록 빈칸에 알맞은 말을 쓰세요.

> 음절이란 발음할 때 (　　　　　) 번에 낼 수 있는 (　　　　　)의 단위이다.

2 빈칸에 단어의 음절 수를 쓰세요.

1) 책	2) 바다	3) 우유
4) 컴퓨터	5) 텔레비전	6) 다이아몬드

3 제시된 음절을 보고, 음절의 구성 형태가 <u>다른</u> 하나를 찾아 쓰세요.

1) (아, 자, 요, 이, 여) ⟶ (　　　　　　　)

2) (알, 약, 앞, 옆, 강) ⟶ (　　　　　　　)

3) (초, 너, 수, 문, 자) ⟶ (　　　　　　　)

4) (강, 콩, 암, 눈, 팥) ⟶ (　　　　　　　)

❸ 자음

자음이란? ⠿ 공기가 목 안이나 입안에서 방해를 받고 나는 소리

한글에는 자음과 모음이 있어요. 그중 자음은 공기가 목 안이나 입안에서 방해를 받고 나는 소리를 말해요. 모음과 닿아야 소리가 나서 '닿소리'라고도 해요.

우리말에는 총 19개의 자음이 있어요. 이 자음들은 소리 나는 위치, 소리 내는 방법, 소리의 세기에 따라 종류를 나눌 수 있어요. 차근차근 하나씩 살펴보아요.

(1) 소리 나는 위치

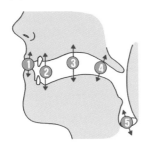

①	입술소리	ㅁ, ㅂ, ㅃ, ㅍ
②	잇몸소리	ㄴ, ㄷ, ㄸ, ㅌ, ㄹ, ㅅ, ㅆ,
③	센입천장소리	ㅈ, ㅉ, ㅊ
④	여린입천장소리	ㄱ, ㄲ, ㅋ, ㅇ
⑤	목청소리	ㅎ

(2) 소리 내는 방법(성대가 울리는지, 아닌지)

울림소리	비음(콧소리)	입안의 통로를 막고 코로 공기를 내보내는 소리	ㄴ, ㅁ, ㅇ
	유음 (흐름소리)	혀끝을 잇몸에 가볍게 대었다 떼거나, 혀끝을 윗잇몸에 댄 채 공기를 양 옆으로 흘려 내보내는 소리	ㄹ
안울림소리	파열음	공기를 막았다 터뜨리는 소리	ㄱ, ㄲ, ㅋ, ㄷ, ㄸ, ㅌ, ㅂ, ㅃ, ㅍ
	파찰음	공기를 막았다 서서히 터뜨려 마찰을 내는 소리	ㅈ, ㅉ, ㅊ
	마찰음	입안이나 목청 사이를 좁혀 그 틈으로 공기를 내보내 마찰을 내는 소리	ㅅ, ㅆ, ㅎ

(3) 소리의 세기

예사소리	성대가 긴장되지 않은 소리	ㄱ, ㄷ, ㅂ, ㅅ, ㅈ
된소리	성대가 긴장된 상태에서 나오는 소리	ㄲ, ㄸ, ㅃ, ㅆ, ㅉ
거센소리	입 밖으로 공기를 많이 내보내면서 거세게 나는 소리	ㅊ, ㅋ, ㅌ, ㅍ

이해했나요?

1 자음이 소리 나는 위치를 쓰세요.

1) (ㅁ, ㅂ, ㅍ) ⟶ (   )   2) (ㄷ, ㄹ, ㅅ) ⟶ (   )

3) (ㅈ, ㅉ, ㅊ) ⟶ (   )   4) (ㄲ, ㅋ, ㅇ) ⟶ (   )

2 〈보기〉의 자음을 울림소리와 안울림소리로 구분하여 쓰세요.

보기

ㅎ   ㄹ   ㄷ   ㅂ   ㄴ

울림소리	안울림소리

3 빈칸에 들어갈 말을 〈보기〉에서 찾아 쓰세요.

보기

예사소리   된소리   거센소리

1)		성대가 긴장된 상태에서 나오는 소리	ㄲ, ㄸ, ㅃ
2)		성대가 긴장되지 않은 소리	ㄱ, ㄷ, ㅂ
3)		입 밖으로 공기를 많이 내보내면서 거세게 나는 소리	ㅋ, ㅌ, ㅍ

④ 모음

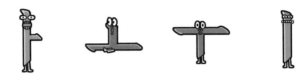

모음은 자음과 달리 공기가 목 안이나 입안에서 방해를 받지 않고 나는 소리예요. 홀로 소리를 낼 수 있어서 '홀소리'라고도 하죠.

우리말에는 총 **21개의 모음**이 있는데, 발음하는 동안 혀의 위치나 입술의 모양이 그대로인지, 변하는지에 따라 단모음과 이중모음으로 나누어요. 한번 모음을 발음하면서 혀의 위치와 입술의 모양을 비교해 보아요.

(1) 단모음 (10개)

단모음은 발음하는 동안 입술이나 혀가 움직이지 않아요. ㅏ, ㅐ, ㅓ, ㅔ, ㅗ, ㅚ, ㅜ, ㅟ, ㅡ, ㅣ가 해당하죠. 그리고 혀의 가장 높은 곳의 위치, 입술의 모양, 혀의 높이에 따라 종류를 분류해요.

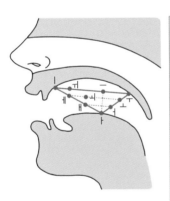

혀의 최고점 위치 (앞뒤)		전설 모음 (혀의 가장 높은 곳이 앞)		후설 모음 (혀의 가장 높은 곳이 뒤)	
입술의 모양		평순 모음 (평평한 입술)	원순 모음 (둥근 입술)	평순 모음 (평평한 입술)	원순 모음 (둥근 입술)
혀의 높이	고모음	ㅣ	ㅟ	ㅡ	ㅜ
	중모음	ㅔ	ㅚ	ㅓ	ㅗ
	저모음	ㅐ		ㅏ	

(2) 이중모음 (11개)

이중모음은 발음하는 동안 입술이나 혀가 움직여요. ㅑ, ㅒ, ㅕ, ㅖ, ㅘ, ㅙ, ㅛ, ㅝ, ㅞ, ㅠ, ㅢ가 해당해요. 'ㅘ'를 천천히 발음해 보세요. 처음엔 입이 '오' 하면서 둥글게 벌어졌다가 나중엔 '아' 하면서 평평하게 벌어지죠? 혀의 높이도 변하고요. 이렇게 이중모음은 입술의 모양이나 혀의 위치가 바뀐답니다.

1 〈보기〉의 모음을 혀의 최고점 위치에 따라 구분하여 쓰세요.

보기
ㅏ ㅐ ㅜ ㅓ ㅣ

⬇

혀의 가장 높은 곳이 앞일 때 (전설 모음)	혀의 가장 높은 곳이 뒤일 때 (후설 모음)

2 〈보기〉의 모음을 입술의 모양에 따라 구분하여 쓰세요.

보기
ㅣ ㅚ ㅔ ㅡ ㅜ

⬇

발음할 때 평평한 입술 모양 (평순 모음)	발음할 때 둥근 입술 모양 (원순 모음)

3 〈보기〉의 모음 중 이중 모음을 모두 찾아 쓰세요. (정답 3개)

보기
ㅑ ㅓ ㅘ ㅡ ㅠ

(,   ,   )

3-2 음운 변동

받아쓰기

<u>0점</u>

이름: 나다락

1. 빈자루가 필요해. → 빗자루 (끝소리 규칙)
2. 궁물이 끝내줘요. → 국물 (자음 동화)
3. 옷이 알룩달룩하다. → 알록달록 (모음 조화)
4. 애기가 울고 있다. → 아기 (모음 동화)
5. 나는 마지이다. → 맏이 (구개음화)
6. 추카해! → 축하해 (음운의 축약)
7. 바늘질을 해 봐요. → 바느질 (음운의 탈락)
8. 번개뿔이 번쩍했다. → 번갯불 (사잇소리)

음절의 끝소리 규칙　자음 동화　모음 조화

모음 동화　구개음화　음운의 축약

음운의 탈락　사잇소리 현상

받아쓰기는 정말 어려워요. 소리 나는 대로 쓰거나 주의를 기울이지 않으면

이렇게 꼭 틀리거든요. 우리말은 왜 이렇게 맞춤법이 어려운 걸까요?

그건 발음을 편하게 하고, 의미를 조금 더 정확하게 전달하기 위해서 음운 변동이

일어나기 때문이에요. 여기서 **음운 변동이란 자음이나 모음이 주변의 영향을 받아**

소리가 달라지는 현상을 말해요.

이번 소단원에서는 바로 이 음운 변동에 대해 알아볼 거예요.

음절의 끝소리 규칙, 자음 동화, 구개음화 등 다양한 음운 변동이 왜 일어나는지,

어떻게 변동이 일어나는지 살펴보아요.

다시 한번!

음운 변동은 우리가 편하게 발음하고, 의미를 정확하게 전달하기 위해서 일어나요.

① 음절의 끝소리 규칙

| 낫 | 낮 | 낯 |

누군가 [낟]이라고 말하면 어떤 단어가 떠오르나요? 아마 다 다른 단어를 생각했을 거예요. '낫, 낮, 낯' 모두 [낟]이라는 발음을 가지고 있거든요.

왜 음절의 끝에 있는 'ㅅ, ㅈ, ㅊ'은 모두 [ㄷ]로 발음되는 걸까요? 그 이유는 '음절의 끝소리 규칙'에 있어요. 우리말에서 음절의 끝소리는 [ㄱ, ㄴ, ㄷ, ㄹ, ㅁ, ㅂ, ㅇ] 중 하나로 발음되는데, 이런 현상을 음절의 끝소리 규칙이라고 해요.

겹받침을 포함하여 각 음절의 끝소리가 어떻게 발음되는지 아래의 표로 자세히 알아보아요.

음절의 끝	대표음	예
ㄱ, ㄲ, ㅋ	[ㄱ]	호박[호박], 밖[박], 부엌[부억]
ㄴ	[ㄴ]	운반[운반]
ㄷ, ㅌ, ㅅ, ㅆ, ㅈ, ㅊ, ㅎ	[ㄷ]	곧[곧], 팥[팓], 빗[빋], 있다[읻따], 빚[빋], 빛[빋], 히읗[히읃]
ㄹ	[ㄹ]	말[말]
ㅁ	[ㅁ]	꿈[꿈]
ㅂ, ㅍ	[ㅂ]	입[입], 잎[입]
ㅇ	[ㅇ]	방[방]

겹받침의 발음	겹받침	예
앞의 자음으로 소리 나는 것	ㄳ, ㄵ, ㄶ, ㄺ, ㄽ, ㄾ, ㅀ, ㅄ	몫[목], 앉다[안따], 많다[만타], 외곬[외골], 핥다[할따], 잃다[일타], 값[갑]
뒤의 자음으로 소리 나는 것	ㄻ, ㄿ	삶다[삼따], 읊다[읍따]
경우에 따라 다르게 소리 나는 것	ㄺ	맑다[막따], 늙다[늑따] - 주로 [ㄱ]으로 발음됨. 맑고[말꼬], 늙고[늘꼬] - 'ㄱ' 앞에서는 [ㄹ]로 발음됨.
	ㄼ	얇다[얄따], 넓다[널따], 짧다[짤따] - 주로 [ㄹ]로 발음됨. 예외 넓죽하다[넙쭈카다], 넓둥글다[넙뚱글다] 밟다[밥따], 밟고[밥꼬], 밟지[밥찌] - 주로 [ㅂ]으로 발음됨.

1 밑줄 친 음절의 공통된 끝소리가 무엇인지 〈보기〉에서 찾아 쓰세요.

보기

ㄱ ㄴ ㄷ ㄹ ㅁ ㅂ ㅇ

1) 연못 / 숟가락 / 낮잠   (   )

2) 미역 / 낚시 / 들녘   (   )

3) 앞치마 / 지갑 / 읊다   (   )

2 단어를 바르게 읽은 것에 ○표 하세요.

1) 없다 ➡ [엄따 / 업따]

2) 굶기다 ➡ [굴기다 / 굼기다]

3) 늙고 ➡ [늑꼬 / 늘꼬]

4) 밟다 ➡ [발따 / 밥따]

3 다락이가 1번 문제를 틀린 이유를 쓰고, 바르게 고쳐 쓰세요.

1. 빋자루가 필요해. (X)
2. 궁물이 끝내줘요. (X)
3. 옷이 알룩달룩하다. (X)
4. 애기가 울고 있다. (X)
5. 나는 마지이다. (X)
6. 추카해! (X)
7. 바늘질을 해 봐요. (X)
8. 번개뿔이 번쩍했다. (X)

이유

정답

② 자음 동화

자음 동화란? ┊ 음절의 끝 자음이 뒤에 오는 자음과 만날 때,
한쪽 또는 양쪽이 비슷하거나 같은 소리로 바뀌는 현상

두 친구가 겨울 바다를 보러 갔나 봐요. 한 명은 강릉의 바다를 보며 감탄 중이고, 또 한 명은 추워서 손난로를 꼭 붙잡고 있네요. 그런데 혹시 강릉과 손난로를 발음할 때 신기한 점을 발견했나요? 다시 한번 강릉과 손난로를 소리 내어 읽어 보아요.

강릉 → [강능]	앞 음절의 끝소리 'ㅇ'의 영향으로 뒤 음절의 첫소리인 'ㄹ'이 [ㄴ]으로 바뀌어요.
손난로 → [손날로]	뒤 음절의 첫소리 'ㄹ'의 영향으로 앞 음절의 끝소리인 'ㄴ'이 [ㄹ]으로 바뀌어요.

강릉과 손난로는 표기와 달리, 각각 [강능]과 [손날로]로 발음되죠? 이처럼 음절의 끝 자음이 뒤에 자음과 만날 때, 한쪽 또는 양쪽이 비슷하거나 같은 소리로 바뀌는 현상을 자음 동화라고 해요.

그리고 자음 동화는 자음이 바뀌는 정도와 방향에 따라 종류를 나눌 수 있답니다. 아래의 표를 살펴보아요.

구분	경우	예시
자음이 바뀌는 정도	앞뒤 자음이 같은 소리로 바뀌는 경우	설날[설랄]
	앞뒤 자음이 비슷한 소리로 바뀌는 경우	왕릉[왕능]
자음이 바뀌는 방향	앞 자음이 바뀌는 경우	국물[궁물]
	뒤 자음이 바뀌는 경우	칼날[칼랄]
	앞뒤 자음이 모두 바뀌는 경우	국립[궁닙]

자음 동화는 두 자음의 발음이 비슷하거나 같으면 발음하기가 쉬워서 생긴 음운 변동이에요.

1 다음 설명과 관련된 음운 현상을 쓰세요.

> 음절의 끝 자음이 뒤에 오는 음절의 자음과 만날 때,
> 한쪽 또는 양쪽이 비슷하거나 같은 소리로 바뀌는 현상

(   )

2 단어를 바르게 읽은 것에 ○표 하세요.

1) 앞날 ➡ [압날 / 암날]

2) 부엌문 ➡ [부억문 / 부엉문]

3) 대통령 ➡ [대통령 / 대통녕]

4) 맏며느리 ➡ [맏며느리 / 만며느리]

5) 난로 ➡ [날로 / 난노]

6) 전라도 ➡ [절라도 / 전나도]

3 다락이가 2번 문제를 틀린 이유를 쓰고, 바르게 고쳐 쓰세요.

1. 빋자루가 필요해. (X)

2. 궁물이 끝내줘요. (X)

3. 옷이 알록달록하다. (X)

4. 애기가 울고 있다. (X)

5. 나는 마지이다. (X)

6. 추카해! (X)

7. 바늘질을 해 봐요. (X)

8. 번개뿔이 번쩍했다. (X)

이유

정답

③ 모음 조화

모음 조화란? ⁚ 비슷한 느낌의 모음끼리 어울리려고 하는 현상

친구의 말을 바로 알아듣지 못한 이유가 무엇일까요? 바로 '막어'라는 말이 어색하기 때문이에요. 보통은 '막아'라고 표현하거든요. 여기에 음운 변동이 하나 숨어 있는데, 하나의 예시를 더 살펴본 후에 알려 줄게요.

> ㉠ 아기가 아장아장 걷는다.   ㉡ 아기가 어정어정 걷는다.

위의 문장 중 어느 것이 더 자연스럽나요? 아기는 어둡고 무거운 느낌의 '어정어정'보다는 밝고 가벼운 느낌의 '아장아장'이라는 표현이 더 어울려요.

이처럼 모음에는 '아장아장'의 'ㅏ'와 같이 밝고 가벼운 느낌의 양성 모음과 '어정어정'의 'ㅓ'와 같이 어둡고 무거운 느낌의 음성 모음이 있어요. 양성 모음은 양성 모음끼리, 음성 모음은 음성 모음끼리 어울리려는 현상이 나타나는데, 이를 모음 조화라고 해요. 그래서 '막어'보다는 '막아'가 더 자연스러웠던 거예요.

보통 모음 조화는 '옹알옹알, 웅얼웅얼' 같은 의성어와 '반짝반짝, 번쩍번쩍' 같은 의태어에서 찾아볼 수 있어요. 또 '막아, 먹어'처럼 용언의 어간과 어미에서도 활용되죠. 하지만 '깡충깡충, 오뚝이, 가까워'처럼 모음 조화가 지켜지지 않은 말들도 있답니다.

양성 모음	ㅏ ㅑ ㅗ ㅛ ㅙ ㅐ ㅘ ㅚ	음성 모음	ㅓ ㅕ ㅜ ㅠ ㅔ ㅖ ㅝ ㅞ ㅡ ㅟ

1 모음의 느낌을 생각하며 빈칸에 들어갈 말을 알맞게 연결하세요.

1) 강아지가 희영이 품에 _____ 달라 붙었다. •   • ㉠ 철썩

2) 거센 파도가 바위를 _____ 친다. •   • ㉡ 찰싹

3) 서원이는 개울가에 돌을 _____ 던졌다. •   • ㉢ 풍덩

4) 심청이는 깊은 바다에 _____ 빠졌다. •   • ㉣ 퐁당

2 다음 문장에서 모음 조화가 일어나도록 알맞은 말에 ○표 하세요.

1) 기회를 보아서 / 보어서 여기를 빠져나가자.

2) 자를 사용해서 밑줄을 그아 / 그어 보자.

3) 코스모스가 바람에 살랑살랑 / 살렁살렁 흔들렸다.

3 다락이가 3번 문제를 틀린 이유를 쓰고, 바르게 고쳐 쓰세요.

> 1. 빈자루가 필요해. (X)
> 2. 궁물이 끝내줘요. (X)
>
> **3. 옷이 알룩달룩하다. (X)**
>
> 4. 애기가 울고 있다. (X)
> 5. 나는 마지이다. (X)
> 6. 추카해! (X)
> 7. 바늘질을 해 봐요. (X)
> 8. 번개뿔이 번쩍했다. (X)

이유

_____

_____

_____

_____

정답

_____

_____

④ 모음 동화

여러분은 '애기'나 '애비'라는 말을 들어 본 적 있나요? 그림 속 할머니께서는 '아기'를 '애기', '아비'를 '애비'라고 말씀하셨어요. 왜 이렇게 말씀하셨을까요?

그건 바로 모음 동화 때문이에요. **모음 동화**란 **모음이 주변 모음의 영향을 받아서 닮는 현상**을 말해요. 대표적인 예로 앞 음절의 모음이 'ㅏ, ㅓ, ㅗ, ㅜ, ㅡ'일 때 뒤 음절의 모음이 'ㅣ'면, 앞 음절의 모음을 [ㅐ, ㅔ, ㅚ, ㅟ, ㅣ]로 바꾸어 발음하는 경우가 있어요.

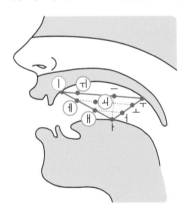

혀 뒤쪽에서 소리 나는 'ㅏ, ㅓ, ㅗ, ㅜ, ㅡ'가 혀의 앞쪽에서 소리 나는 'ㅣ'의 영향을 받아 발음이 쉽게 되도록 'ㅣ'와 가까운 [ㅐ, ㅔ, ㅚ, ㅟ, ㅣ]로 바뀌는 거죠. '지팡이, 고기, 아지랑이'를 '지팽이, 괴기, 아지랭이'로 발음하는 것처럼요.

하지만 모음 동화가 일어나는 말은 '냄비, 멋쟁이, 담쟁이'와 같은 특정 단어를 제외하고는 표준어나 표준 발음으로 인정하지 않아요.

1 모음 동화가 일어난 단어 중 표준어를 고르세요.

① 애기　　② 멕이다　　③ 끓이다　　④ 챙피하다　　⑤ 담쟁이넝쿨

2 모음 동화 현상이 일어난 문장을 고르세요.

① 빵에 **곰팡이**가 생겨서 먹지 못했다.

② 여름이 되니 **아지랑이**가 피어 오른다.

③ 우리 삼촌은 옷을 잘 입는 **멋쟁이**이다.

④ 갓난**아기**가 눈을 뜨고 엄마를 바라보았다.

⑤ 할아버지는 젊었을 때 **대장장이**로 일하셨다.

3 다락이가 4번 문제를 틀린 이유를 쓰고, 바르게 고쳐 쓰세요.

> 1. 빈자루가 필요해. (X)
> 2. 궁물이 끝내줘요. (X)
> 3. 옷이 알록달룩하다. (X)
> 4. 애기가 울고 있다. (X)
> 5. 나는 마지이다. (X)
> 6. 추카해! (X)
> 7. 바늘질을 해 봐요. (X)
> 8. 번개뿔이 번쩍했다. (X)

이유

정답

⑤ 구개음화

구개음화란? : 음절의 끝 'ㄷ, ㅌ'이 'ㅣ'를 만나 [ㅈ], [ㅊ]으로 바뀌어 소리 나는 현상

한 친구가 새해를 맞아 친구와 같이 해돋이를 보러 가고 싶나 봐요. 하지만 잠이 많은 친구는 해돋이를 보러 가기 싫은 모양이에요. '굳이'라는 표현을 쓴 걸 보면 말이죠.

그런데 '같이, 해돋이'와 '굳이'를 발음하면서 신기한 점이 있지 않았나요? 다시 한번 소리 내어 읽어 보세요. 세 단어 모두 끝음절이 '이'인데, [지]나 [치]로 발음될 거예요.

이처럼 음절의 끝소리 'ㄷ, ㅌ'이 모음 'ㅣ'를 만나 [ㅈ], [ㅊ]으로 바뀌어 소리 나는 현상을 구개음화라고 해요. 구개음은 입천장소리를 뜻하는데, [ㅈ]과 [ㅊ]이 바로 입천장소리랍니다. 그래서 구개음이 아닌 'ㄷ, ㅌ'이 모음 'ㅣ'를 만나 구개음 [ㅈ], [ㅊ]으로 바뀌는 현상을 구개음화라고 하는 거죠. 예시를 몇 가지 더 살펴볼까요?

구개음화가 일어날 때	발음	예
ㄷ + ㅣ	[지]	맏이 → [마지]
ㅌ + ㅣ	[치]	밭이 → [바치]
ㄷ + 히	[티] → [치]	묻히다 → [무티다] → [무치다]

마지막 예시가 조금 어려운가요? 더 자세히 설명해 줄게요. '묻히다'의 발음은 '묻'의 끝소리 'ㄷ'이 뒤에 있는 'ㅎ'의 영향으로 거센소리인 [ㅌ]로 바뀌고, 또 'ㅣ'의 영향을 받아 [ㅊ]로 소리 난 거예요. 어려워 보여도 직접 발음하다 보면 쉽게 알 수 있어요.

'잔디, 디디다, 마디'처럼 하나의 형태소 안에서는 구개음화가 일어나지 않아요.

1 발음할 때 구개음화가 일어나는 단어를 고르세요.

① 천지   ② 대치   ③ 가치   ④ 유지   ⑤ 여닫이

2 밑줄 친 말의 올바른 발음을 고르세요.

1) 그 말을 **곧이** 믿어서는 안 돼.   ① [곧이]   ② [고지]

2) 사막에 **땡볕이** 내리쬐니 숨이 막혔다.   ① [땡벼치]   ② [땡볕이]

3) 사건의 진상을 **낱낱이** 밝히겠습니다.   ① [난나치]   ② [낱낱이]

4) 아이들은 **미닫이문**을 활짝 열고 방에 들어갔다.   ① [미닫이문]   ② [미다지문]

5) 곧 태어날 동생에게 예쁜 **턱받이**를 선물할 거야.   ① [턱받이]   ② [턱바지]

3 다락이가 5번 문제를 틀린 이유를 쓰고, 바르게 고쳐 쓰세요.

1. 빗자루가 필요해. (X)
2. 궁물이 끝내줘요. (X)
3. 옷이 알룩달룩하다. (X)
4. 애기가 울고 있다. (X)
5. 나는 마지이다. (X)
6. 추카해! (X)
7. 바늘질을 해 봐요. (X)
8. 번개뿔이 번쩍했다. (X)

이유

정답

⑥ 음운의 축약

혹시 그림에서 맞춤법이 틀린 부분을 찾았나요? 맞아요. 식물 이름표에 '국화'라고 적혀 있어야 하는데, '구콰'라고 쓰여 있어요. 어쩌다 이런 실수가 발생한 걸까요?

바로 음운의 축약 현상 때문이에요. 음운의 축약이란 두 음운이 만나서 하나의 음운으로 줄어 소리 나는 현상을 뜻해요. 국화의 'ㄱ'과 'ㅎ'이 만나 [ㅋ]로 소리가 나기 때문에 '구콰'로 표기된 실수가 발생한 거죠.

음운의 축약은 어디에서 일어나느냐에 따라 두 가지로 분류해요. 음운의 축약이 자음에서 일어나면 자음 축약, 모음에서 일어나면 모음 축약이라고 한답니다. 음운의 축약 역시 앞에서 배웠던 음운 변동 현상들처럼 발음을 더 쉽고 효과적으로 하기 위해서 일어나요. 그럼 아래 예시를 직접 읽어 보고 발음을 확인해 볼까요?

자음 축약	ㄱ + ㅎ → [ㅋ]	국호[구코]
	ㄷ + ㅎ → [ㅌ]	맏형[마텽]
	ㅂ + ㅎ → [ㅍ]	입학[이팍]
	ㅈ + ㅎ → [ㅊ]	맞히다[마치다]
모음 축약	ㅏ + ㅣ → ㅐ	아이[애]
	ㅗ + ㅏ → ㅘ	보아[봐]
	ㅜ + ㅓ → ㅝ	두어[둬]
	ㅡ + ㅣ → ㅢ	뜨이다[띄다]

자음 축약은 발음할 때만 일어나고, 모음 축약은 발음과 더불어 표기에서도 나타나요.

1 다음 문장을 읽고 맞으면 ○표, 틀리면 ✕표 하세요.

1) 음운의 축약은 두 음운이 만나서 하나의 음운으로 줄어 소리 나는 현상이다. ( )

2) 모음에서 축약이 일어나면 모음 축약이라고 한다. ( )

3) 자음 축약은 발음뿐만 아니라 표기에서도 나타난다. ( )

2 밑줄 친 말에서 자음 축약이 일어나면 '자', 모음 축약이 일어나면 '모'를 쓰세요.

1) 현정이는 집에 책이 **많다**. ( )

2) 비가 **오아서** 길이 엄청 미끄럽다. ( )

3) 우리 마을은 물 **좋고** 산 좋은 동네이다. ( )

4) 성준이는 민아에게 선물을 **주었다**. ( )

3 다락이가 6번 문제를 틀린 이유를 쓰고, 바르게 고쳐 쓰세요.

1. 빋자루가 필요해. (✕)
2. 궁물이 끝내줘요. (✕)
3. 옷이 알룩달룩하다. (✕)
4. 애기가 울고 있다. (✕)
5. 나는 마지이다. (✕)
6. 추카해! (✕)
7. 바늘질을 해 봐요. (✕)
8. 번개뿔이 번쩍했다. (✕)

이유

정답

⑦ 음운의 탈락

음운의 탈락이란? ⋮ 두 음운이 만나 한 음운이 사라져 소리 나지 않는 현상

소나무 이름의 유래를 생각하며 소를 떠올리다니 너무 재미난 발상이에요. 사실 소나무는 소나무의 잎인 '솔'과 '나무'가 합쳐진 합성어인데, 이때 '솔'의 'ㄹ'이 탈락돼서 소나무가 된 거예요.

이처럼 두 음운이 만나 한 음운이 사라져 소리 나지 않는 현상을 음운의 탈락이라고 해요. '소나무'가 '솔나무'보다 발음하기가 더 쉬운 것처럼 음운의 탈락도 발음하기 쉽도록 일어나는 현상이에요.

음운의 탈락도 자음이 탈락하는지 모음이 탈락하는지에 따라 종류를 나누어요. 아래 예시로 더 자세히 알아보아요.

자음 탈락	'ㄹ' 탈락	바늘 + -질 → 바느질
	'ㅅ' 탈락	긋- + -어 → 그어
	'ㅎ' 탈락	낳 + -아 → 낳아[나아]　★발음할 때 탈락
모음 탈락	'ㅏ' 탈락	자- + -아서 → 자서
	'ㅓ' 탈락	서- + -어서 → 서서
	'一' 탈락	담그 + -아 → 담가
	'ㅜ' 탈락	푸- + -어 → 퍼

'ㄹ, ㅅ' 받침을 가졌다고 모든 단어에서 음운의 탈락이 일어나는 건 아니에요.

예 달님, 웃어서

1 〈보기〉의 밑줄 친 말들과 관련된 음운 현상을 고르세요.

> **보기**
>
> • **아드님**(아들+-님)이 잘 생겼네요!   • 아픈데 밥을 **지어**(짓-+-어) 먹으려니 힘들다.

① 음운의 축약   ② 음운의 탈락   ③ 음운의 첨가

2 〈보기〉처럼 밑줄 친 말에서 탈락한 음운을 쓰세요.

> **보기**
>
> 가희가 너무 멀리 가서(가-+-아서) 잘 보이지 않았다.   ('ㅏ' 탈락)

1) 나는 **커서**(크-+-어서) 의사가 될 것이다.   (_____ 탈락)

2) 우리 팀 선수가 쏜 **화살**(활+살)이 과녁 정중앙에 꽂혔다.   (_____ 탈락)

3) 마당에 눈이 소복하게 **쌓여서**[싸여서] 눈사람을 만들었다.   (_____ 탈락)

3 다락이가 7번 문제를 틀린 이유를 쓰고, 바르게 고쳐 쓰세요.

> 1. 빈자루가 필요해.　(X)
> 2. 궁물이 끝내줘요.　(X)
> 3. 옷이 알룩달룩하다.　(X)
> 4. 애기가 울고 있다.　(X)
> 5. 나는 마지이다.　(X)
> 6. 추카해!　(X)
> 7. 바늘질을 해 봐요.　(X)
> 8. 번개뿔이 번쩍했다.　(X)

이유

_____

_____

_____

_____

정답

_____

_____

⑧ 사잇소리 현상

사잇소리 현상이란? : 합성어를 만들 때, 뒷말의 예사소리가 된소리가 되거나 새로운 소리가 덧나는 현상

반딧불과 나뭇잎은 둘 이상의 어근으로 이루어진 합성어예요. 소리 내어 읽었을 때 신기한 현상이 일어난다는 것도 닮았죠.

합성어를 만들 때, [반디뿔]처럼 뒷말의 예사소리가 된소리가 되거나 [나문닙]처럼 새로운 소리가 덧나는 현상을 사잇소리 현상이라고 해

우아~! 반딧불 예쁘다!

반딧불에 나뭇잎이 안 타는 게 신기해!

요. 그럼 사잇소리 현상이 일어나는 경우를 더 자세히 알아볼까요?

---

① 앞말의 끝소리가 울림소리이고 뒷말의 첫소리가 안울림 예사소리일 때, 뒷말의 예사소리가 된소리로 바뀜.

| 울림소리
ㄴ, ㄹ, ㅁ, ㅇ | **+** | 안울림 예사소리
ㄱ, ㄷ, ㅂ, ㅅ, ㅈ | **=** | 된소리 |

예 봄+비=봄비[봄삐]   호롱+불=호롱불[호롱뿔]

---

② 앞말이 모음으로 끝나고 뒷말의 첫소리가 안울림 예사소리일 때, 뒷말의 예사소리가 된소리로 바뀜.

| 모음 | **+** | 안울림 예사소리
ㄱ, ㄷ, ㅂ, ㅅ, ㅈ | **=** | 된소리 |

예 반디＋불＝반딧불[반디뿔]   배＋사공＝뱃사공[밷싸공]

---

③ 앞말이 모음으로 끝나고 뒷말이 'ㄴ, ㅁ'으로 시작할 때, 'ㄴ' 소리가 덧남.

| 모음 | **+** | ㄴ, ㅁ | **=** | 'ㄴ' 소리 첨가 |

예 이＋몸＝잇몸[인몸]   코＋날＝콧날[콘날]

---

④ 뒷말이 모음 'ㅣ' 또는 'ㅑ, ㅕ, ㅛ, ㅠ'일 때, 'ㄴ' 소리가 하나 혹은 둘이 덧남.

| 뒷말의 모음 'ㅣ' 또는 'ㅑ, ㅕ, ㅛ, ㅠ' | **=** | 'ㄴ' 또는 'ㄴㄴ' 소리 첨가 |

예 나무＋잎＝나뭇잎[나문닙]   눈＋약＝눈약[눈냑]

보통 합성어의 앞말이 모음으로 끝날 때 사잇소리 현상이 나타나면, 앞말의 받침에 'ㅅ'을 덧붙여 표기해요. 이때 'ㅅ'을 사이시옷이라고 해요. 하지만 앞말이 모음으로 끝나더라도 한자끼리 결합한 말에는 사이시옷을 붙이지 않는답니다. '내과(內科), 개수(個數)'처럼 말이죠. 단, 예외로 '곳간(庫間), 셋방(貰房), 숫자(數字), 찻간(車間), 툇간(退間), 횟수(回數)'에는 사이시옷이 들어간다는 거 기억해 주세요.

1 밑줄 친 단어의 올바른 발음을 고르세요.

1) 봄이라 그런지 **햇살**이 따뜻하다.   **①** [햅쌀]   **②** [해쌀]

2) 하준이의 입을 보니 **아랫니**가 빠져 있었다.   **①** [아랜니]   **②** [아래니]

3) 할머니는 **깻잎**을 따서 장아찌를 담그셨다.   **①** [깬닙]   **②** [깨입]

2 〈보기〉처럼 사이시옷을 활용해 알맞은 합성어의 형태를 쓰세요.

> 보기
>
> 배 + 사공 ➡ 뱃사공

1) 이 + 몸 ⟶ (   )   2) 비 + 물 ⟶ (   )

3) 제사 + 날 ⟶ (   )   4) 아래 + 마을 ⟶ (   )

3 다락이가 8번 문제를 틀린 이유를 쓰고, 바르게 고쳐 쓰세요.

1. 빋자루가 필요해. (X)
2. 궁물이 끝내줘요. (X)
3. 옷이 알룩달룩하다. (X)
4. 애기가 울고 있다. (X)
5. 나는 마지이다. (X)
6. 추카해! (X)
7. 바늘질을 해 봐요. (X)
8. 번개뿔이 번쩍했다. (X)

이유

정답

1 이것이 설명하는 것이 무엇인지 쓰세요.

> • 이것은 말의 뜻을 구별해 주는 소리의 가장 작은 단위입니다.
> • 이것의 종류에는 자음, 모음, 말소리의 길이와 높낮이가 있습니다.

(   )

2 음절의 수가 가장 많은 것을 고르세요.

① 감   ② 연필   ③ 컴퓨터   ④ 미끄럼틀   ⑤ 아이스크림

3 발음할 때 소리 나는 위치가 다른 하나를 고르세요.

① ㄴ   ② ㄷ   ③ ㄹ   ④ ㅅ   ⑤ ㅋ

4 이중 모음이 있는 칸만 색칠하세요.

ㅑ	ㅡ	ㅏ
ㅣ	ㅢ	ㅗ
ㅖ	ㅜ	ㅘ

5 〈보기〉 속 단어들의 알맞은 끝소리를 고르세요.

보기
곧   빗   팥

① ㄱ   ② ㄴ   ③ ㄷ   ④ ㄹ   ⑤ ㅁ

6 자음 동화가 일어나지 <u>않는</u> 것을 고르세요.

① 강릉   ② 국립   ③ 달님   ④ 젤리   ⑤ 신라

7 밑줄 친 단어에 대한 설명으로 옳은 것을 고르세요.

> 찹쌀떡이 <u>말랑말랑</u>하니 맛있어 보인다.

① 의성어이다.

② 모음 조화를 잘 지키지 않았다.

③ '말랑말랑'의 'ㅏ'는 밝고 가벼운 느낌의 음성 모음이다.

④ '물렁물렁'으로 바꾸면 어둡고 무거운 느낌이 든다.

⑤ '몰랑몰랑'과 전혀 다른 느낌을 가진 단어이다.

8 모음 동화가 일어난 단어 중 표준어를 고르세요.

① 애비   ② 아지랭이   ③ 냄비   ④ 멕이다   ⑤ 괴기

9 다음 중 단어를 바르게 읽은 것을 고르세요.

① 해돋이[해도지]

② 미닫이[미다디]

③ 같이[가티]

④ 맏이[마디]

⑤ 굳히다[구티다]

10 〈보기〉의 단어를 보고, 관련된 음운 변동으로 알맞은 것을 고르세요.

> 보기
>
> 입학[이팍]　　　축하[추카]　　　맏형[마텽]

① 자음 동화　　② 음운의 교체　　③ 음운의 탈락　　④ 음운의 축약　　⑤ 모음 동화

11 밑줄 친 단어 중 'ㄹ' 탈락 현상이 일어나지 <u>않은</u> 것을 고르세요.

① 이 **소나무**는 천연기념물이야.

② 은하는 **다달이** 용돈을 받는다.

③ 숲에서 새들이 **우짖고** 있었다.

④ **버드나무** 밑에서 기다리고 있겠소.

⑤ 내가 **커서** 어른이 된다면 혼자 여행을 가고 싶어.

12 다음 중 합성어를 만들 때 사이시옷을 붙여야 하는 것을 고르세요.

① 콩+잎

② 초+불

③ 밤+길

④ 눈+약

⑤ 물+가

**똑똑한 어린이의
남다른 선택**

자세히 보기

초등 매일 습관 익힘책 저학년용·고학년용

이은경 지음 | 각 248쪽 | 각 15,800원

초등학생들이 자기 주도 공부의 기초를 탄탄히 다질 수 있도록 만
든 책이에요. 아이들이 하루하루를 어떻게 보내야 하는지 알려 주
고, 공부하는 데 필요한 습관을 키우도록 도와줘요. 스스로 무언가
를 해내고 한 뼘 더 성장하는 슬기로운 모습을 기대해 보세요!

자세히 보기

중등 전과목 필수 어휘력 사전

강승임 지음 | 608쪽 | 29,000원

국어, 역사, 수학, 사회, 과학, 도덕, 예체능(음악, 미술, 체육) 전 과목
의 필수 어휘를 책 한 권에 담았어요. 한자어 뜻풀이, 함께 알기, 동
의어·반의어 등도 덧붙여 학생들이 보다 쉽게 이해할 수 있을 거예
요. 어휘의 기본 개념을 완벽하게 정복하고, 중학교 내신 만점을 노
리세요!